Pétale de rose rouge
Disque de macaron rose
Crème de mascarpone à la rose
compote de framboises
compote de letchis
framboises fraîches entières
jaune
cubes de confit.
"paille"
noisettes effilées grillées
crème praliné
Biscuit macaron noisette
CRÈME PRALINÉ
#6
#5
HAUTEUR 180 m/m.
ok pour photo
crème au marron glacé
Biscuit moelleux aux
embout chocolat blond
Sablé à la farine de châtaigne
400 g beurre demi-sel
150 g beurre
fécule de pomme de terre

framboises entières
Pétale de Rose rouge
Disque de macaron rose
Crème de mascarpone à la rose
compote de framboises
compote de letchis
framboises fraîches entières
cubes de confit.
HAUTEUR 180 m/m.
= 6 parts de 30 m/m
#6
23.02
noisettes effilées grillées
crème praliné
Biscuit macaron noisette
CRÈME PRALINÉ
Étoiles en chocolat de tailles différentes
Crème au marron glacé
Sablé à la farine de châtaigne
Biscuit moelleux aux marrons
embout chocolat blond
400 g beurre demi-sel

蛋糕上的櫻桃

Toutes les saveurs de la vie:
L'odyssée d'un pâtissier de génie

當代甜點傳奇皮耶・艾曼的
12 堂人生風味課

Pierre Hermé
皮耶・艾曼
Catherine Roig
卡特琳・洛伊格 —— 著

韓書妍 —— 譯

PIERRE HERMÉ

PIERRE HERMÉ

蛋糕上的櫻桃

當代甜點傳奇皮耶・艾曼的
12 堂人生風味課

Toutes les saveurs de la vie:
L'odyssée d'un pâtissier de génie

皮耶・艾曼 Pierre Hermé
卡特琳・洛伊格 Catherine Roig　合著

韓書妍　譯

積木文化

目次

第二篇

開花結果

獻給我的摯愛薇樂麗（Valérie）與愛子阿德里安（Hadrien）

前言

津津有味

「我對過去是很健忘的。」

卡爾・拉格斐（Karl Lagerfeld）的這句名言是我的寫照。與其說是發自內心的需求，更像是為了不斷放眼未來而拋棄過去。

我把過去與記憶分得非常清楚。依我看，耽溺於昨日就是沉重地回首往事。至於記憶，則是構成一個人的樣貌，增添豐富性與主張。

在哲學上，兩者截然不同。

身為失去雙親的獨生子，我能體驗到與我人生經歷相關的空白，不過試圖填補這些空白也是枉然，更別提要加以評論。

話說回來，訴說如何從我獨有的成堆記憶中打造出自己，在我看來卻是非常合理的事。尤其，若能激勵正在摸索人生方向或有志追隨我腳步的年輕人，那就太好了。

仰賴寶貴的記憶將自己投射到未來，我相信自己向來是這麼做的，而且或多或少有意為之。記憶就是我的能量來源。若說我的妻子薇樂麗或親近友人有時候把這份能量描述得太驚人強大，那是因為我有用之不竭的燃料在滋養這份能量，那就是我對職業的熱情。

這份熱情從我年幼時便帶給我活力，也會永遠驅策我，擁有這份熱情是難能可貴的機會。因為培養、發展與分享任何一種熱情，都是通向豐饒成功之路的強大動力。它讓我對愛、對飲食、對學習、對旅行、對探索、對和我同樣充滿熱情的人（無論是甜點、繪畫，或是包括和服在內的各形式藝術）交流產生無盡渴望。

這股強勁的力量在我年僅十四歲時，將我從故鄉阿爾薩斯推向雷諾特甜點學校（Ecole Lenôtre），讓我一步一步往上爬：從學徒成為初階甜點師，然後是助理主廚，最後成為獨當一面的主廚、創作者與創業家。透過接觸他人，尋求他們的協助、指點與建議，在個人層面上我也不斷追求進步。再者，我很年輕便離開學校，因此總是努力吸收文化，與其說是填補學術方面的不足，倒不如說是餵養我那永不滿足的好奇心。從甜點到料理，從藝術到建築，從葡萄酒到香水，還有文學、時尚、攝影和設計，我帶著無法止息的貪婪胃口探索各個領域。

因為這一切都息息相關，而且全都有其道理。我如此深信不疑。

一趟旅行能激盪出一款甜點，一座花園引領我使用某種香氣，烙印在記憶中的畫作能左右巧克力片的花樣……

這份絕佳的胃口永不間斷地滋養我的創意。也許我的祕密就是如此微不足道：尋找，持續不斷的尋找，然後就會找到。

第一篇

紮穩根基

本書每一章的甜點手稿皆來自皮耶．艾曼的筆記本，他從還在加斯頓．雷諾特（Gaston Lenôtre）身邊當學徒時就有做甜點筆記的習慣。創作甜點時，他一定會畫下草稿。

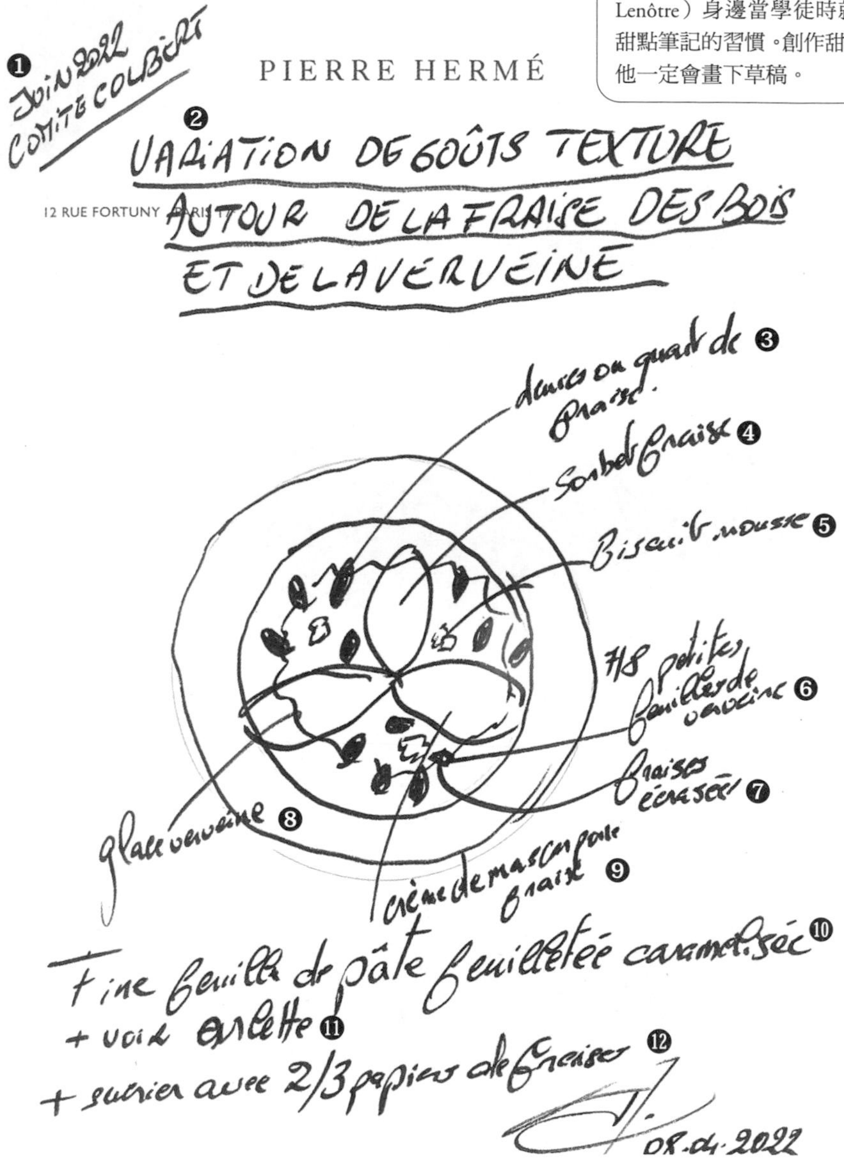

❶ 2022 六月法國奢侈品協會
❷ 野草莓和馬鞭草的風味與質地變化
❸ ½ 或 ¼ 草莓
❹ 草莓雪酪
❺ 海綿蛋糕、慕斯
❻ ⅞ 馬鞭草小葉片
❼ 壓碎的草莓
❽ 馬鞭草冰淇淋
❾ 馬斯卡彭草莓乳霜
❿ 輕盈酥脆焦糖千層
⓫ ＋ Arlette *
⓬ ＋糖與 ⅔ 草莓籽

* 編注：源於 20 世紀初法國南部，類似蝴蝶酥。據皮耶本人，其作法是將千層酥皮捲成圓筒狀、切薄片，然後在糖粉中以　麵棍　為極薄的薄片後，再放入烤箱中加熱使其焦糖化。

1 耳濡目染

記憶與藍莓

我只有兩歲還是三歲的時候，那個夏天，陽光從山毛櫸和冷杉之間的樹冠縫隙灑入森林。一路上，我在牽著我的保姆身旁小跑步，我們一起前去氣候涼爽、土壤呈酸性的孚日省（Vosges）採摘盛產的野藍莓。對我來說，賈克媽媽（Maman Jaques）就是溫柔甜美的化身，身為拉巴洛什（Labaroche）麵包師傅的太太，她做的莓果塔和果醬真是一絕。

我從灌木叢上抓了滿手藍莓，貪心地塞進嘴裡。「可別全吃光啦！」她笑著對我說。藍莓的香甜汁液流滿我的手指，沾滿我的嘴唇，讓我原本就貪吃的味蕾愉悅不已。

野藍莓的滋味，是第一個令我留下記憶的味道。

這種深色小漿果的深沉風味從此烙印在我心底，那是滋味扁平單調的人工種植藍莓絕對不會有的味道。每當我想起野藍莓，如此細緻絕妙的滋味就會立即在我口中浮現。但是我從未在創作中使用藍莓，因為我太害怕期待落空。這份滋味不容被染指，必須留在我的記憶裡……

藍莓的味道令我想起許多往事。各種影像、感情、滋味以五味雜陳的印象派筆觸勾勒出我的幼年時光。從三個月大到三歲為止，我被安置在位於拉巴洛什的保姆家，距離雙親居住與工作的科爾瑪（Colmar）約二十公里，因為奶奶判定她的媳婦（也就是我的母親）無法兼顧家族的麵包糕點店與小寶寶。奶奶是獨斷專制的女人，個性很難相處，就住在我們家樓上。她自認比我母親高一等，理由是她的娘家家境清寒。

自有記憶以來，我從不覺得這樣分隔兩地有什麼奇怪的，因為我的年紀太小了。然而，對母親卻是一種剝奪，她因而感到非常痛苦。這讓她的個性變得強硬，也許甚至毀了她的一生。由於她害怕再度經歷親子關係疏離的惡夢，所以我的雙親沒有其他孩子。她也總是為此責怪父親和奶奶，使得家庭關係變得惡劣。

母親一直把我照顧得無微不至，給予我嚴格積極的教育，她的價值觀則讓我在生命中不斷前進。然而她不是一個溫柔的母親，我還是嬰兒時就被帶離她身邊，這件事斬斷了她的情感。她不會送我禮物，也不會擁我入懷。但我不覺得她的淡漠對我造成影響。我認識的母親就是這樣，因此對我而言這似乎很正常。直到看見我的妻子薇樂麗是如何關心兒子阿德里安的身心健康與幸福，甚至兒子都超過三十歲了還會抱抱他，我這才注意到自己從未有過這些經驗。我告訴自己，六〇年代家長的照顧方式不同。也許這就解釋了相較於雙親，我的喜怒更形於色，輕鬆就能向親朋好友表達感受。或許，這也是我將一生奉獻給甜蜜滋味的原因吧……

回到藍莓。時至今日我才意識到，我在雷諾特甜點學校做的第一道甜點，正是藍莓塔！塔皮是沙布列（sablée）麵糰，其中的奶油風味令我感到美味的不得了。當時我只認識父親所用的乳瑪琳麵糰，一如當年大部分的麵包糕點師傅。藍莓來自波蘭，是 Krakus 品牌的罐頭。我們仔細瀝乾藍莓，不過會保留汁液用來製作凝凍。這些藍莓的味道與森林採摘的野藍莓竟驚人地相似。

記憶果然是耐人尋味的東西啊！

紫香李塔與默契

我清楚記得小時候的住處，我們住在一間狹長公寓裡，就在家族經營的店舖樓上。我的房間位於餐廳和浴室之間，貼滿灰撲撲的壁紙，放了一張簡樸的轉角床、一組老衣櫥、一張小桌子以及我不用了的寫字桌。一個火車模型和小狗波利斯布偶[1]就是我最珍貴的寶物。陽台

1　譯注：Pollux，法國動畫 *Le Manège enchanté* 角色。

上有阿爾薩斯處處可見的紅色天竺葵，看出去正面向鄰近的殯儀館！不過最重要的是，我房間就在父親的麵包店工作間正上方。麵包和布里歐許（brioche）的香氣每天都會騷動我的鼻子，使我醒來。每個星期五散發的咕咕霍夫（kouglof，食譜請見第24頁）香氣則預告週末的到來。喬治（Georges），也就是我的父親，日復一日在凌晨兩點鐘下樓到麵包舖。我的母親蘇珊（Suzanne）會在四點左右加入他的行列。他們倆都出生於一九三〇年，共同經營由我曾曾祖父母創立的麵包糕點店。即使沒有正式明說，但想也知道大概總有一天我要繼承麵包店。當時我們住在科爾瑪市中心外圍的Jean-Macé街區。順帶一提，尚－瑪榭是十九世紀的偉大教師與教育家，還是《一口麵包的歷史》（*L'Histoire d'une Bouchée de Pain*）一書的作者。也就是說，我們可是住在專做麵包的市郊區呢！去市中心的時候，我們會說：「我們要進城了」，其實距離只有六百公尺。母親每天早上五點為附近織品工廠的工人們開店，他們上工前會過來買麵包或簡餐。

那時父親主要製作的是液種麵包（pain sur poolish），使用白麵粉，外型又粗又長，香軟又美味。後來他開始販售裸麥或雜糧麵包，不過和深受現代人喜愛的酸種麵包完全不同。若說他是因為習慣與必然而成為麵包師傅，那麼甜點師才是他鍾情的職業。他主要販售黑森林、水果塔、法修蘭（vacherin）、傳統或淋糖霜的咕咕霍夫，面對傳統的客人就得提供他們同樣傳統的產品。然而，父親充滿好奇心，總是勇於嘗試廠商提供的培訓課程，這些課程讓他手癢而創作新產品，可惜受歡迎的程度不如經典甜點。母親總是笑說，雖然新款甜點能勾起客人的興趣，不過最後他們總會如此評價：「喔，真特別啊，不過還是給我來塊黑森林吧！」若是當天的新作品滯銷，我經過的時候就能吃上幾個，以監督我飲食為要務的母親對此非常不高興。

我的童年與甜點的緊密連結更甚於麵包，因為麵包是在夜間製作。我父母堅持我一定要睡得比他們多！

很快我就明白，如果想和父親相處，我就必須到他的工坊，也就是令他最快樂的地方。滿腔熱情的父親凡事不假手他人，尤其是精細的工作。節慶前的週末是我們最享受的時光，他會做特別的東西，像是注模、巧克力，還有布列多（bredele）——這款聖誕沙布列餅乾是道地的阿爾薩斯習俗的一環。

我仍滿腔柔情地記得馬那拉（mannala，食譜請見第27頁），我們會在聖尼可拉日（Saint-Nicolas）[2]享用這些香軟如布里歐許的小人麵包。最近我們的創作工坊做了一些馬那拉，即使我每天盡量不要吃太多糕點，仍然忍不住大啖至少三個，因為它們的滋味讓我彷彿立刻置身父親的甜點店……

2 編注：十二月六日或十九日，屬於聖誕節的一部分。

至於復活節，根據阿爾薩斯的傳統，他會製作拉馬拉（lamala，食譜請見第31頁），這是做成羔羊造型的薩瓦蛋糕（biscuit de Savoie），在陶土烤模中烤熟撒上糖粉後，放入以旗幟裝飾的小袋子。很長一段時間，我曾拿這份食譜製作巴黎萊佛士皇家夢索飯店（hôtel Royal Monceau）的復活節早午餐。父親也會製作加入檸檬皮絲的兔子造型沙布列餅乾（食譜請見第29頁）。我仍然能在腦海中看見、感覺並品嚐到這些糕點呢！雖然麵糰是乳瑪琳做的，味道卻棒極了。父親在瑞士接受訓練，那是阿爾薩斯人當年的指標，他學到的就是這樣做。當時的奶油價格高昂，總之他只在做咕咕霍夫時才會用奶油。

平日放學後，我和朋友們會在聖安多尼教堂（église Saint-Antoine）後面或廉價出租住宅的中庭踢足球，他們大多是當年住在那兒的義大利裔。不過週末和假日的時候，我滿腦子只有一個念頭：直奔甜點工坊。外婆還為我縫製了圍裙和廚師高帽呢。

為了打發我那永不滿足的好奇心與動手做麵糰的渴望，父親會派我做些小事，像是清洗爐台或剝栗子皮以製作栗子鳥巢（torche aux marrons）；所謂栗子鳥巢，就是蒙布朗（mont-blanc）栗子蛋糕的阿爾薩斯名，也許因為外型是細絲狀而得名吧。總之，父親做了很多栗子鳥巢，我也不得不剝無數公斤的新鮮栗子。我怕死了！我東聞西聞，東張西望，什麼東西都摸幾下。某天我的大拇指被麵糰分割機劃了好深一道傷口，到現在都還有疤呢。當時我不僅以為大拇指要斷了，還被狠狠罵了一頓！這些吃力不討好的工作和光榮的傷疤並沒有壞了我的興致，反而激發了我的好奇心與從事這一行的心願。

父親很快就注意到我的意圖，慢慢開始指派我比較有意思的任務。在甜點店裡，很少從頭到尾由一個人製作甜點，因此我不知道哪個才算我的處女作。起初他讓我組裝法修蘭：我必須組合蛋白霜圓片和冰淇淋。然後他教我如何在塔派上擺放水果。隨著時間過去，我的好奇心越發強烈。我不斷要求學習新事物，冒著惹火父親還有與他共事的甜點主廚貝納．瑟薩（Bernard Sessa）的風險，總是問個沒完沒了。貝納後來買下我父母的麵包糕點店。我就這樣學會鋪塔皮、鮮奶油擠花、蛋糕抹面（也就是塗滿鮮奶油，並在邊緣刮出花紋）、巧克力蛋和巧克力屑的製作、巧克力注模等。

我也會跟父親開著麵包車巡迴，那是一台雪鐵龍 2CV，後來換成一輛 Dyane。他和當年其他人一樣，捨棄寶獅和雷諾，對雪鐵龍非常忠誠，無論如何都堅持要雪鐵龍，甚至連 DS 上市時，我還幻想他會買一台，但是價錢實在不是我們家能夠負擔的。我們有一輛 DSM 可供家人共同外出使用；配送麵包、塔派、糖果給訂購的客人時則有 Dyane。我們的販售範圍遍布科爾瑪西邊和西南邊的農業區。父親認識每一個人，因此大家也都認識我，因為下車交遞商品的人是我。我非常喜歡這份差事，將糕點交給客人的時候，感覺就像帶給他們幸福。還有什麼工作比這更令我夢寐以求呢？

夏末時會有一段紫香李塔（tarte aux quetsche）的旺季，父親做的非常美味。這絕對是最令我懷念他的事物之一。

雖然我能寫出這道配方（食譜請見第33頁），卻從未成功重現父親的味道。然而塔皮的成分其實簡單的不得了：水、麵粉、乳瑪琳、糖和鹽。按這個配方做出來的脆塔皮相當紮實，並不鬆脆，簡直硬得像精裝書殼。他會在塔皮上撒些較乾的手指餅乾碎片，然後放上八月中旬到九月底採收、產季僅有五到六週的阿爾薩斯紫香李。接著父親撒滿肉桂糖（他不會測量用多少肉桂，更不用說是精確的分量），再將紫香李塔放入多層大烤箱。成品很特別，但就只是水果罷了！我再也沒有嚐到這道紫香李塔的滋味與質地……這無法以言語解釋，因為那與我和父親度過的美好時光有關。

當然，父親就和所有那一輩拘謹自持的阿爾薩斯人一樣，並不會表現出感情，不過我們的關係彼此心照不宣。他是一個為職業而感到知足快樂的人。在工坊之外，他喜愛集郵，也喜歡和家人或好友一起爬山。每週一下午，他會和從科爾瑪來的麵包師們一起唱歌，最後總是以同業聚餐畫下句點。

他對甜點的熱情，在不知不覺中為我樹立了典範，傳授給我許多技術和知識，多到我開始當學徒的時候，還自認為懂很多呢。當然啦，我真是大錯特錯。至少在原料方面，當時的我還有很多要學的。父親一向使用品質絕佳的水果，是我們從距離住處兩公里的兩座自家果園採收來的，有紅醋栗、黑香李、黃香李、必須完整帶梗採摘的櫻桃（因為他會連著櫻桃梗一起泡酒做成罐頭），將它充分浸漬後裹上翻糖與巧克力。至於其他水果和食材，則如同當時大部分的甜點師，他並沒有特別研究。在他的工坊裡，我從沒見過一根香草莢，他只用香草精。檸檬皮絲也沒有，他以購自德國的香料代替。一直到進入雷諾特後，我才認識優質食材，從此打開我的眼界，至今仍探索不完。

父親的咕咕霍夫

可製作2個6人份咕咕霍夫（需要2個直徑18公分的陶製烤模）

準備時間45分鐘

烘烤時間40分鐘

靜置時間2小時30分鐘

食材：

咕咕霍夫麵糰

麵粉250公克

細白砂糖35公克

新鮮酵母8公克

蛋3大顆（或4小顆）

無鹽奶油225公克

給宏德鹽之花（fleur de sel de Guérande） 6公克

金黃葡萄乾185公克

整形與入模用

膏狀無鹽奶油25公克

去皮完整杏仁35公克

橙花杏仁糖漿

礦泉水500毫升

細白砂糖750公克

白色杏仁粉65公克

天然橙花香精5公克

完工用

澄清奶油200公克

糖粉200公克

步驟：

1. 攪拌機裝攪拌勾，攪拌盆倒入麵粉、砂糖、剁碎的酵母與70%的蛋液（130公克），以慢速攪拌⬇待麵糰產生彈性後，加入其餘的蛋液，接著以中速攪拌（絕對不可以使用高速）⬇麵糰不再沾黏攪拌盆內壁後，放入奶油與鹽之花，攪拌至麵糰再度不沾攪拌盆（約需20分鐘），完成的麵糰溫度應介於24和25℃之間⬇加入葡萄乾攪拌最多1至2分鐘，直到葡萄乾均勻混入麵糰⬇調理盆內鋪保鮮膜，放入麵糰，冷藏至少2小時30分鐘，即可操作接下來的步驟
2. 進行整形與入模：以微波爐軟化奶油，製成膏狀奶油⬇用刷子在烤模內部塗刷奶油，並在凹槽處排入杏仁
3. 麵糰切成2塊分別整成球形⬇在麵糰中央各戳出一個洞，手指沾麵粉後將洞拉大，然後放入烤模，於28℃處靜置約3小時；若靜置處太乾燥，必須以沾濕的廚房布巾覆蓋烤模
4. 製作橙花糖漿：水和糖放入鍋中煮至沸騰，加入杏仁粉和橙花香精，靜置冷卻⬇倒入密封保鮮盒，冷藏備用
5. 烘烤咕咕霍夫：旋風烤箱預熱至170℃，放入麵糰烘烤35至40分鐘⬇從冰箱取出糖漿⬇咕咕霍夫趁熱脫模，浸入溫熱的澄清奶油，凹洞朝上放在不鏽鋼網架上⬇靜置5分鐘後，浸入

杏仁橙花糖漿，然後凹洞朝上放在不鏽鋼網架上➡再靜置5分鐘，咕咕霍夫的凹洞在過程中沒有填滿奶油或糖漿也無妨➡撒上糖粉，靜置至完全冷卻

注意！一定要用陶製烤模，成品的效果才會好。第一次使用前，烤模內塗奶油，放入加熱至250℃的烤箱高溫燒烤約7至8分鐘以形成塗層。絕對不可用水洗，擦拭乾淨即可。使用六、七次後才會為咕咕霍夫帶來獨特的風味。

好友克莉絲汀．法珀的馬那拉

可製作25個馬那拉
製作時間1小時
烘烤時間40分鐘
靜置時間共4小時45分鐘

食材：

麵糰

礦泉水350毫升
新鮮酵母50公克
蛋3大顆（或4小顆）
T45麵粉1公斤
細白砂糖120公克
精鹽20公克
無鹽奶油300公克
巧克力碎片或葡萄乾少許

烤色蛋液

蛋1小顆
蛋黃1個（大型雞蛋）
糖2公克
精鹽1小撮

步驟：

1. 製作麵糰：攪拌機裝攪拌勾，攪拌盆倒入水和剁碎的酵母，以一段速混合➡放入奶油以外的所有材料，以二段速攪拌約20分鐘，直到麵糰不再沾黏攪拌盆內壁，整體光滑➡放入切小塊的室溫奶油，攪拌至麵糰完全融合，不沾黏攪拌盆內壁➡取出麵糰以保鮮膜包起➡若室溫涼爽，靜置45分鐘；室溫高於25℃時，則靜置30分鐘
2. 馬那拉整形：麵糰切分成每份80公克，搓揉成長10公分、寬3公分的條狀➡接著做出小人造型：長條麵糰縱向剪一刀至⅔處作為雙腿，雙腿上方兩邊各剪一刀做成手臂，可放上巧克力或葡萄乾當作眼睛➡馬那拉放上鋪烘焙紙的烤盤，靜置於28℃處3至4小時，直到麵糰膨脹
3. 製作烤色蛋液：使用手持攪拌棒混合所有材料，並將其過濾
4. 旋風烤箱預熱至170℃➡用刷子沾取蛋液，仔細刷滿馬那拉➡烘烤40分鐘➡出爐後靜置冷卻

我的檸檬沙布列

可製作75個沙布列
製作時間40分鐘
烘烤時間18分鐘
靜置時間2小時

食材：

麵糰

半鹽奶油400公克
無鹽奶油150公克
給宏德鹽之花3公克
熟蛋黃1個，用篩子或濾勺過篩
糖粉180公克
黃檸檬皮絲10公克
糖漬黃檸檬皮25公克

步驟：

1. 製作沙布列麵糰：奶油回溫至室溫⬇攪拌機裝攪拌勾，將食材依序放入攪拌盆（不可攪拌過頭，以免麵糰太紮實）⬇冷藏1小時
2. 切割沙布列：工作檯撒麵粉防沾，將麵糰擀至0.5公分厚⬇以直徑5至6公分的切模切出圓片後放入烤模（若烤模不夠，可分批進行），放在烤盤上，冷藏1小時
3. 製作糖霜：混合糖粉和檸檬汁
4. 旋風烤箱預熱至165℃⬇放入整盤沙布列烘烤18分鐘⬇出爐後，在另一個烤盤上倒扣模具使沙布列脫模⬇靜置降溫後，沙布列表面沾浸糖霜，放在下方墊烤盤的網架上，置於室溫乾燥

注意！此麵糰可大量製作，一部分冷凍，方便之後依照需要的分量烘烤。

注意！沙布列放入密封保鮮盒，可室溫保存數日。

榛果拉馬拉

可製作3個大型拉馬拉（21×11公分的大型復活節羔羊烤模）
製作時間25分鐘
烘烤時間55分鐘

食材：

烘烤榛果
皮耶蒙生榛果80公克

榛果蛋糕
蛋6顆＋蛋白3顆份
細白砂糖250公克
麵粉230公克
玉米粉20公克
純榛果醬45公克
香烤皮耶蒙榛果碎70公克

馬尼奶油
無鹽奶油200公克
麵粉60公克

完工
糖粉50公克

步驟：

1. 製作烘烤碎榛果：旋風烤箱預熱至170℃ ➡ 榛果放上鋪烘焙紙的烤盤攤開不交疊，送入烤箱烘烤15分鐘 ➡ 靜置冷卻後，以雙手搓揉去除外皮 ➡ 榛果放上砧板，用單柄湯鍋大略壓碎 ➡ 備用
2. 製作蛋糕麵糊：麵粉和玉米粉一起過篩，加入香烤皮耶蒙榛果碎 ➡ 攪拌機裝攪拌球，蛋、蛋白和糖放入攪拌盆打發至極輕盈的質地 ➡ 榛果醬放入調理盆，取少許打發蛋糊，以矽膠刮刀混合拌開 ➡ 粉狀材料與拌開的榛果醬放入打發蛋糊，以切拌方式輕輕混合
3. 製作馬尼奶油：奶油攪拌至膏狀，加入麵粉攪拌 ➡ 刷子沾馬尼奶油塗刷拉馬拉烤模以防沾黏，然後用夾子固定合起烤模
4. 烘烤拉馬拉：旋風烤箱預熱至190℃ ➡ 麵糊倒入烤模，用小抹刀整平表面後立刻放入烤箱，烘烤40分鐘 ➡ 脫模放在網架上冷卻 ➡ 降至室溫時撒上糖粉 ➡ 在羔羊脖子上綁一條緞帶，背部插上小旗子即完成

注意！拉馬拉可室溫保存5天。

父親的紫香李塔

6至8人份
製作時間40分鐘
烘烤時間1小時15分鐘
靜置時間共7小時

食材：

脆塔皮

麵粉250公克
軟化至室溫的無鹽奶油190公克
給宏德鹽之花5公克
細白砂糖3.5公克
蛋黃½個
室溫全脂鮮乳50毫升

手指餅乾

蛋白8個（大概即可）
細白砂糖150公克
蛋黃7個
麵粉85公克
馬鈴薯澱粉85公克

肉桂糖

細白砂糖50公克
肉桂粉2.5公克

異國風鏡面果膠

礦泉水250毫升
柳橙皮絲1顆份
黃檸檬皮絲1顆份
馬達加斯加香草莢1根，縱剖刮出籽
細白砂糖100公克
NH果膠10公克（糖與果醬商品區）
黃檸檬汁2顆份
薄荷葉3片，大略切碎

需烘烤

新鮮阿爾薩斯紫香李900公克

步驟：

1. 製作脆塔皮：麵粉篩入大碗➡食物調理機裝橡膠刀片，放入切小塊的奶油、鹽之花和糖➡加入蛋黃和牛奶，攪打至整體均勻，接著加入麵粉攪打，麵糰變成球形時即可停止➡以保鮮膜包起麵糰，冷藏2小時➡工作檯撒麵粉防沾，擀薄麵糰（約0.2公分）➡冷藏2小時，然後切出直徑35公分的圓片➡將圓片放上烤盤，冷藏30分鐘後再捏成塔皮➡直徑24公分高3公分的活底塔模塗奶油防沾，冷藏片刻後鋪入塔皮，用叉子在塔底刺小洞，切去多餘塔皮➡冷藏靜置2小時➡盲烤塔皮，將烤箱預熱至170℃，裝入豆子，烘烤20至25分鐘
2. 製作手指餅乾：麵粉和澱粉一起過篩➡攪拌機裝攪拌球，蛋白和糖打發至硬挺，加入蛋黃，低速攪拌數秒鐘混合➡倒入粉類材料，用矽膠刮刀以切拌方式混合➡旋風烤箱預熱至230℃➡烤盤鋪矽膠烤墊，倒入手指餅乾麵糊以抹刀整平，烘烤5分鐘➡出爐，放在網架上靜置冷卻➡置於室溫使其變乾，放入食物調理機打碎➡裝入密封保鮮盒備用
3. 製作鏡面果膠：水、柑橘皮絲和香草莢加熱至45℃➡加入事先與果膠混合的細白砂糖，煮沸3分鐘➡離火，加入檸檬汁和薄荷，浸泡30分鐘後過濾➡冷藏備用
4. 製作肉桂糖：混合兩種材料，備用

5. 旋風烤箱預熱至160℃ ➡ 盲烤過的塔底均勻撒上粉狀手指餅乾 ➡ 紫香李對剖去籽，直立放入塔皮，盡可能塞緊 ➡ 撒上一半的肉桂糖，烘烤30至40分鐘 ➡ 靜置降溫至室溫

6. 鏡面果膠放入鍋中融化，用刷子刷滿紫香李塔表面 ➡ 食用前撒上其餘的肉桂糖即完成

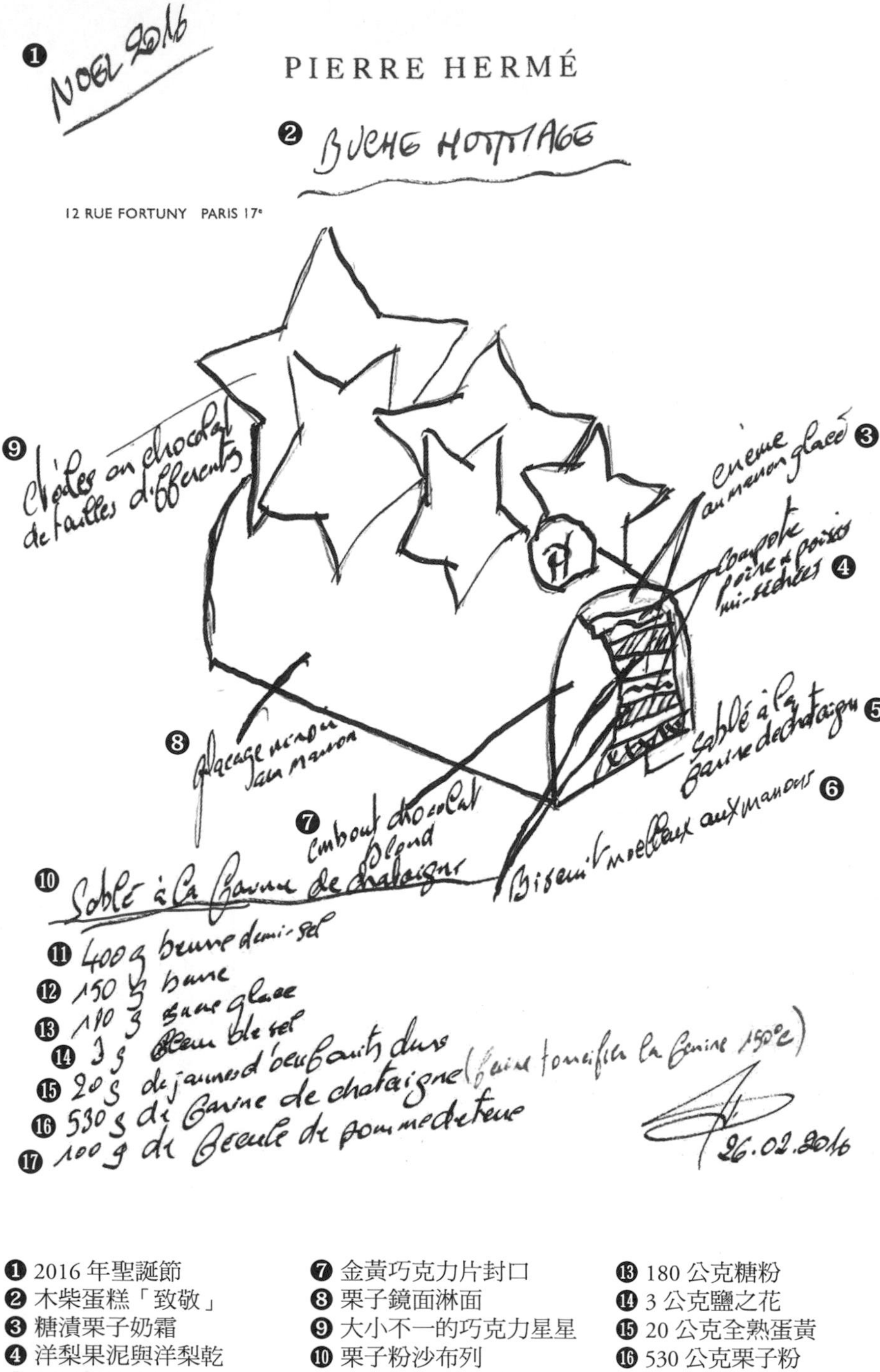

❶ 2016 年聖誕節
❷ 木柴蛋糕「致敬」
❸ 糖漬栗子奶霜
❹ 洋梨果泥與洋梨乾
❺ 栗子粉沙布列
❻ 栗子海綿蛋糕
❼ 金黃巧克力片封口
❽ 栗子鏡面淋面
❾ 大小不一的巧克力星星
❿ 栗子粉沙布列
⓫ 400 公克半鹽奶油
⓬ 150 公克奶油
⓭ 180 公克糖粉
⓮ 3 公克鹽之花
⓯ 20 公克全熟蛋黃
⓰ 530 公克栗子粉
（以150℃烤香栗子粉）
⓱ 100 公克馬鈴薯澱粉

2 基礎

遊說與蛋白糖霜

一九七六年八月三十一日。那天清早，科爾瑪火車站的月台已經相當燠熱。那年夏天有熱浪，阿爾薩斯與其他地方皆是如此。我汗如雨下地將行李拉上開往巴黎的火車。陪我到火車站的雙親憂心地目送我踏進車廂。對於我會在巴黎發現什麼，他們和我一樣茫然。不過他們擔心地看著興奮難耐的我也很合理，畢竟十四歲的獨生子即將啟程。從明天起，我就是正式的學徒了，這令我滿心喜悅。

五年前，我向母親透露成為甜點師的願望時……「孩子啊，這不是份好工作！如果你做這一行，這輩子都討不到老婆了！」她如此回答我。

她口中的「這一行」語重心長、充滿辛酸，現在仍迴盪在我的耳畔……她很努力想要打消我進入甜點界的念頭。她說的無非是自己的人生，那個不同於她想像的人生。母親結婚前，從十四歲到三十歲這段歲月，她曾在縫紉用品店與服裝店當店員。我認為她一定很想繼續從事這份工作，然而不容抗拒的家庭背景要求她成為麵包糕點師的妻子。她選擇了我父親，而我的父親選擇了這份職業，於是她順從了家人對她的期望。至於我，母親的勸說毫無結果。當時與後來都不曾動搖我。

我一定要當甜點師，而且絕不放棄。

中學時期，六年級後我便在位於伊森艾姆的尚帕納學院（Institut Champagnat）住校，每次回到家只有一個念頭：和父親一起做甜點。他呢，很支持我的決心，而且因為熱愛自己的職業，他也更理解我的志向。我第一次當學徒的門路就是父親幫我找到的，就在科爾瑪的一名同行手下。但是這名同行最後決定不再培訓「老闆的兒子」，我不得不另覓他處。起初，父親安排我到另一名住在里博維萊（Ribeauvillé）的同行店裡。不過一九七六年初，他碰巧在《阿爾薩斯新訊》（*Dernières Nouvelles d'Alsace*）上看到一則廣告：雷諾特學院正在招收學徒。

「我們寫信給他們吧！」父親歡呼道。我興奮極了，也有點緊張。就讀寄宿學校的這幾年下來，我確實明白與雙親分離是怎麼一回事，然而這可是縱身跳入未知世界啊。我只知道加斯頓·雷諾特與妻子柯蕾特（Colette）於一九五七年創辦了一間甜點學校，位在巴黎Auteuil街44號。

「這是頂尖的學校。」父親告訴我，更強調：「不只現代化，而且以奶油製作的甜點聞名哪！」

雷諾特先生於一九七一年在伊夫林省（Yvelines）的普萊西（Plaisir）開設學校。父親非常開心我被錄取。學年結束時，我取得第一階段文憑，並好好享受全家度過的假期。一九七六年八月三十一日這天，經過五個多小時的車程後，我帶著行李踏上巴黎東站月台。我搭地鐵來到首都另一頭的米開朗基羅－歐特伊站（Michel-Ange-Auteuil），在雷諾特學院的人事處完成手續，被分配到位在九樓、沒有電梯的傭人房。那時我還不知道，我將會在這棟坐落於Félicien David街24號的建築物裡度過六年。我和同在雷諾特學院當學徒的室友雷吉斯．杜宏（Régis Durand）合住的房間面向中庭，因此毫無風景。那兒也沒有浴室，房間裡只有一個洗臉盆，也就是說，我們必須在學校洗澡。廁所則在高起來的平台上。我們的小房間呈L形，有一條長長的走道，雖然幾乎比房間還大，但毫無用處！我買了一台電視、一個冰箱，就這樣。

雷吉斯是個老菸槍，這點非常困擾我，也令我想起父母。他們總是叼著一根菸。不過雷吉斯人很好，而且手很巧。我們還一起換了新壁紙。

總之，雖然房間並不豪華，但我也不會在裡面度過太多時間。抵達的第二天起，我必須每天清晨四點起床，才能搭上往雷諾特學校的公車。

我的生活、我的人生，就此展開。

課程的頭兩個月，我們每天五點到八點在甜點廚房實作，緊接著到雷諾特學院上理論課以幫助理解技術、食材、基礎配方與職業的歷史。這些課程為我打下紮實的基礎。我有二十本裝得滿滿的資料夾，一定會放在辦公室伸手可及之處，全都是甜點最重要的基礎知識與技法。雖然我全都熟記在心，但我總還是帶著這些資料夾才覺得放心。這裡面內容包山包海：不同種類的麵粉、各種蛋糕麵糊、如何煮糖，以及如何使用奶油、鮮奶油、蛋、榛果、杏仁等的方法。我就是在這裡明白，透徹瞭解原料對於進入甜點業有多麼重要。至今我仍不時參考這些課程筆記，例如我會用裝飾課筆記，指導學院中的年輕甜點師如何以擠花袋寫花體字。

在蛋糕上寫生日祝賀詞或名字可不是兒戲，我還記得在那間傭人房裡練習描寫字體的晚上。為了不要浪費巧克力，我用的是牙膏，裝進以紙摺成的小紙袋權充擠花袋。我就這樣帶著滿腔熱情與成功的決心度過許多個夜晚！任何事物都無法澆熄我對學習的渴望，至今依然如此。

這所學校給了我一個美好的開始，而這大部分都要歸功於校長吉爾貝．波內（Gilbert Poné），以及老師保羅．雷伊（Paul Rey）和喬艾爾．貝盧耶（Joël Bellouet）。不過雷諾特先生是我最完美的榜樣。他非常了不起，二〇一六年頒發「世界五十大最佳餐廳」時，我將「全球最佳甜點師」的榮耀獻給他。這麼做的原因顯而易見，不為別的，單純是因為他為我指引了方向。

在七〇年代，廣播、電視、雜誌……處處可見雷諾特先生。甜點師的工作讓他如此出名，令人驚奇。我感到不可思議的倒不是知名度本身，我對名氣向來無動於衷，而是因為手藝職業能達到這個境界。不得不說，他為甜點界貢獻良多，更棒的是，他讓甜點界改頭換面。即使是最微不足道的食材他也極度要求品質，尤其重視細節，而且明白組織規劃在大量製作優質甜點裡的重要性。不過最重要的是，不同於大部分彼時小心翼翼留一手的甜點師，他分享知識與技術，甚至為此創辦自己的學校。對雷諾特先生來說，分享配方比藏私有意義多了，因為他很好奇經手多次後的食譜最後會產生何種變化，有點像今日社群網站正在上演的狀況！他是真正的先驅，許多七〇、八〇和九〇年代的傑出甜點師都出自他的學校。那是雷諾特世代，我就是其中的一份子。在其團隊中的學習生涯，是我真正的寶藏。雷諾特先生慷慨又充滿熱忱，向我展現甜點師這份職業的多樣性，因而喚醒我的雄心，這讓我意識到自己能透過甜點做到的事。事實上，我僅偶然遇過雷諾特先生幾次，稱不上認識他，但更顯出他帶來的影響有多麼深遠。

初次遇見他，是在我成為學徒一個月後。雷諾特的熟食部需要一名學生到 Le Pré Catalan 餐廳為活動製作可麗餅，我當然自告奮勇地去了。但是一到陌生的可麗餅煎鍋面前，我突然手足無措，正在現場監督團隊的雷諾特先生立刻注意到我。他走近我，對我說：「孩子，看仔細了，我會示範一次正確作法。你會發現其實沒什麼難的。」

他確實這麼做了，平心靜氣，沒有絲毫暴躁惱怒。第二天，我很擔心自己會被開除，不過那並沒有發生，他對我沒有任何評價，正面和負面的都沒有。就我所知，他唯一說過關於我的話，是在三年後。那時我十七歲，我們到梅茲（Metz）參加甜點師大會。父母特地到現場，因為他們想見雷諾特先生，打聽我是否有認真工作。雷諾特先生回答他們：「如果我有像皮耶這樣的兒子，那就是最幸福的人了！」

我很高興他們能夠聽見這番話。倒不是因為我讓他們引以為傲，因為說真的，雙親的驕傲從來就不是我的動力。我確保自己不會受此影響，因為父母的驕傲始終不是我的驕傲。話說回來，不要令他們失望確實是我的動機，兩者是不一樣的。他們在我很年輕的時候就放手讓我離家，所以我想證明自己確實值得他們的信任。當然啦，我是和朋友們在那間傭人房裡狂歡作樂沒錯，有時喝點啤酒或茴香酒。不過我非常認真面對課業，因為我只害怕一件事：和行李一起被貼上「退貨」標籤送回阿爾薩斯。因此我不斷努力、努力、再努力。

開學兩個月後，一場考試淘汰掉班上大部分的學徒，我們從四十名學生變成只剩二十二人。我想許多同學之所以失敗，是因為他們並沒有真正瞭解這一行，我則很幸運，因為父親而認識甜點師的職業。隨後我們被分配到工坊中的各個工作站。

我從多層蛋糕做起，接著是工作檯（製作麵糰處）、巧克力和糖果工坊、冰淇淋區，這些全部都分別安排在兩年中。由於交託給我們的工作顯然是最簡單的，我不斷央求負責人教我更有意思的技法。我一開始就會坦白想法，避免無聊乏味的工作。有一、兩次我被騙去處理馬卡龍——那是一份不斷重複的工作，用蒸氣濕潤烘焙紙上的馬卡龍，然後將之取下。我很快就學會躲開這些枯燥的工作！我想要的是進步。當時我已經意識到，只要結合熱情和決心，就沒有辦不到的事。我接近製作馬卡龍和海綿蛋糕麵糊的理查・雷柯克（Richard Lecoq），纏著他不停問東問西，每天大概對他說了至少一百次「做給我看」。我記下配方，晚上回家後抄寫以便將內容記得滾瓜爛熟。

費盡苦心的結果，就是六個月後，雷諾特學院中的每一個人都知道我是誰了。如果要我給想進入甜點業或任何手藝領域的年輕人建議，絕對是要將通往這些工藝行業的途徑視為正視的學習，並且像在醫學院或文學院那樣，大部分來自個人的努力。閱讀、記錄食材食品、在家練習技術……這些都非常重要，努力總有一天會有回報的，我可以證明這一點。

入學的第二年，我很著迷糖藝（又稱裝飾，是製作與裝飾組合蛋糕和特別精緻的甜點的工作站）。取得CAP[3]文憑後，我夢想在糖飾工作站工作，那對我而言簡直是終極目標！問題是，雷諾特不會把這份精巧複雜的崗位交給學徒。不過我也很固執，既然夢想是做裝飾，那我就必須採取激進手段以達目的。因此，休息日的時候，我就會自願到甜點廚房工作。有必要的話，我也會幫忙廚房的熱爐或冷台。我甚至連熟肉也做過，但總是不忘偷瞄裝飾區。我在自己的小房間裡不斷用牙膏練習，學會掌握蛋白糖霜以及巧克力的裝飾手法。每天早上在送我們到位於普萊西工坊（Atelier de Plaisir）的公車上，我想方設法讓所有負責人知道我會裝飾。我想自

3 譯注：職業能力證書，等同台灣高職二年制學歷。

己就是這樣理解「遊說」一詞的意思。結果就是，當我取得CAP文憑時，被任命到……裝飾站！我在那裡度過一年，賺取法定最低薪資。由於我總是摩拳擦掌地參與各種活動工作，因此還有週末津貼和額外獎金。

糖和理性

學徒生涯的第一年，我常常會在週末回科爾瑪，最喜歡的莫過於為父母製作雷諾特學院的代表性甜點：以手指餅乾、香草巴伐露奶油（crème bavaroise）以及巧克力慕斯組成的瑟西爾夏洛特（charlotte Cécile）；烤過的義式蛋白霜和希克斯（succès）搭配奶油基底巧克力慕斯的「秋葉」（Feuille d'automne）；覆盆子搭配香草奶霜的蛋糕捲「賭場」（Casino）等。我還記得「克蕾楓丹」（Clairefontaine），一種覆滿柳橙片、以柑曼怡（Grand-Marnier）海綿蛋糕、沙布列以及橙香巴伐露組成的甜點。

當時我深深相信，向他們展現我學會的東西，就能讓他們驚訝折服。他們謹慎地嚐了「我的」甜點，但是並沒有吃完。

「你們不喜歡嗎？」我問他們。

「喜歡啊，非常好吃。」他們小心翼翼地說：「可是……」

「可是什麼？」我惱怒說道。

「說真的，實在太甜了！」他們最後忍不住鬆口。

太甜？難道他們不知道這是雷諾特的配方嗎？也就是在我眼中至高無上的食譜。到底「太甜」是什麼意思？我的父母本身就是甜點師，讓我從小沉浸在甜味裡，但我可不會因為他們吃不懂就背叛雷諾特的配方！總之我當時氣得要命。

隨著幾個星期、幾個月過去，惱火的感覺逐漸平息，爸媽說的話也開始融入我的思緒。父母表達喜好與感受，無意中教會我思考調整糖的分量。

我從中得出三大基礎理論：

- 糖是風味之母
- 必須透過平衡之鏡檢視甜味
- 甜味永遠會是我的作品中心：感受比形式更重要

從孩提時期至今，我對糖的使用已有大幅變化。近年來，人們傾向在各方面減糖，而且很合理，因為眾所皆知過多糖份對健康有害。我在雷諾特學習時，製作甜點奶餡會使用1公升牛奶和300公克的糖，相較之下，現在是150公克。

儘管如此，糖仍是優質甜點中不可或缺的一部分，因為糖扮演多種角色。首先是調味。基本的糖（白色粉末或結晶狀）可以提升甜點和多層蛋糕的滋味。甜點師的責任就是調整出最佳分量的糖，在展現甜味的同時又不會壓過其他食材（水果、巧克力、鮮奶油等）的風味。

再來是增添風味。未經精製的糖，根據糖的來源與生產方式，各自擁有獨特風味，展現驚人的各色香氣。若要突顯杏桃塔或奧德賽蛋糕（gâteau Odyssée，核桃蛋糕、栗子果凝、核桃甜酒奶霜）的甘草香氣，我會使用沖繩黑糖。如果我想要較多焦糖，甚至是香草的香氣，例如我二〇一二年創作的糖漬栗子國王派（rois aux marrons glacés），就選用模里西斯島的黑糖（sucre muscovado）。我對椰糖也很有興趣，雖然碳足跡方面不盡理想，不過散發的味道相當有趣，尤其是加入我為莉莉和吉兒・雷薇－維茲（Lily et Jill Lévy-Waitz），也就是我的乾女兒們做的沙布列（食譜請見第54頁）。

糖在甜點中也有「物理」作用，這表示不能隨便減少用量，以免危及蛋糕的結構。糖是構成蛋白霜、達克瓦茲（dacquoise）和馬卡龍餅基礎的一部分，若沒有足夠的分量，這些蛋糖糊就無法維持挺立！至於冰淇淋，如果少了糖，可真的會凍傷舌頭呢。

因此，固然得斟酌糖的使用量以掌握賦予每一款甜點風味與營養，但是不要矯枉過正到對糖趕盡殺絕的地步也同樣重要。

偶爾有人會對我說：「您的甜點太甜了。」我總會報以相同答案：「沒錯，因為那是甜點，而甜點依照其定義，當然是甜的。」接著會說明，我依照自己的口味決定糖的用量，而且對此相當有信心。

風味之母

除了甜食，所有其他風味也都會引起我的興趣：這些風味構成味覺之「磚」，有助於構思我的糕點、馬卡龍、巧克力與甜點。

因此，不可能只探討糖而忽略鹽，因為鹽能夠突顯甜味。有時我會說「鹽就是最好的糖」，很容易就能驗證這一點：嚐嚐沒放鹽的巧克力蛋糕就知道了。即使是手藝出眾的甜點師以優質食材製作，蛋糕還是會顯得平淡乏味，而分量恰到好處的鹽卻能提升風味。反之亦然：若在美味的番茄醬汁加入一小塊糖，滋味會更加美妙。我在甜點中使用味道較細膩的鹽之花。我們會一絲不苟地細心秤量以收最佳效果，因為在甜點中，過量的鹽反而比不加鹽更糟糕。幾年前我在某家紐約三星餐廳中就有這種體驗，餐廳送上一道撒滿鹽之花的火焰雪山作為甜點。我可能沒搞懂主廚想要的效果，但是這道甜點實在難以下嚥！不過在季・薩瓦（Guy Savoy）的餐廳中，有一道名為「鹹點」（Le Salé）的布里歐許就深得我心，也是餐廳的招牌甜點。所以說，一切都和分量拿捏有關……

苦味是另一種重要的風味。我對鮮明的味道毫無招架之力，因此很喜歡苦味……但是並非全都愛。事實上，苦味需要巧妙處理，否則就會蓋過整體風味，必須擁有如甜點主廚潔西卡・佩亞帕托（Jessica Préalpato）的超群天賦，才能將苦味推向味蕾的極限，並將之與其他風味結合。苦味會立刻讓我想到黑巧克力。黑巧克力的可可脂含量介於六四～七五%，在可可豆特有的香氣、苦味、甜味與烘烤氣息之間取得完美的平衡。巴西單一產區派內拉斯（Païneiras）、貝里斯位於卡約的單一產區西本（Xibun），以及秘魯莫羅蓬省單一產區阿斯普羅波（Asprobo），都是多年來法芙娜（Valrhona）的巧克力專家讓我認識的巧克力，在苦味方面非常符合我的喜好。某些水果帶有的苦味用來做甜點的效果也非常出色，像是葡萄柚，檸檬、杏仁等，還有圓葉當歸、獨活、龍蒿，由於帶有清新感與出人意表的風味，都是我越來越喜歡加入甜點中的香草植物。

至於酸味，我主要以柑橘汁或白醋的形式運用在甜點中，效果一如糖和鹽，能突顯風味。我喜歡在意想不到的地方加入一絲酸味。此外，在我的某些甜點創作中其實並不能嚐出酸味。酸味能讓草莓雪酪的味道更清爽，可以讓鳳梨獨活[4]馬卡龍的味道變溫和，並且可以引出獨活的草本香氣與松針氣息，而非芹菜氣味。在抹茶紅豆乳酪蛋糕中，酸味可以去除紅豆的「菜味」。在「混血兒馬卡龍」（macaron Métissé，熟胡蘿蔔、柳橙奶霜、檸檬汁、肉桂）中亦然，酸味可消除紅蘿蔔的土味並突顯甜味。

然後是有些人稱作「第五種味道」的鮮味。鮮味難以定義、捉摸不定，展現出既強烈又細膩的味道。鮮味是透過發酵生成，過程中會產生麩胺酸（味精的基礎），通常與鹹味料理結合（日式高湯、醬油、鯷魚、帕瑪森乳酪……），不過鮮味的深度令我想把它用在甜點上。從白味噌開始，我喜歡搭配巧克力，然後將烤香的黃豆粉加入馬卡龍，細膩的粉質賦予馬卡龍溫潤絲滑的口感，更添特色。

里昂炸甜餅與師徒關係

我的父母以建設性批評讓我學會超越雷諾特的視角觀看，但我還是花了不少時間才跳脫在這間學校裡學到的東西，因為當時在我的眼中，雷諾特就是最優秀的代表。尤其是畢業後，我在雷諾特待了好一段時間，在丹尼爾．哈更（Daniel Raguin，軼事：他是甜點師 Carl Marletti 的叔叔）、尚－皮耶．德斯佩雷（Jean-Pierre Després）、伊夫．梅洛（Yves Mellot）、菲利普．胡塞雷（Philippe Rousselet）、米歇爾．休登（Michel Chaudun）和喬艾爾．貝盧耶的指導下工作。對於這些大師，我只有美好的回憶，特別是貝盧耶；即便（或說也許正是）我旺盛的好奇心，他還是很喜歡我。他要我當他的徒弟，是為了向我展現作為大師的身手。這份信心令我深受感動。

在我夢寐以求的裝飾站工作整整一年後，坐落在巴黎十六區維克多．雨果大道（avenue Victor-Hugo）上的雷諾特甜點店的副主廚、我的好友菲利普．特雷諾（Philippe Traineau），向

4 編注：重齒毛當歸的根，常見於中藥材。

我提出一個有趣的想法：「我們可以對調工作！我想到裝飾站，你到維克多．雨果店面負責烘烤和完工。你覺得怎麼樣？」

這實在太瘋狂了，但也非常誘人。我當然立刻答應啦。這件往事中，最有趣的就是大家竟然放手讓我們倆去做，而且效果也非常好。此外，負責甜點店的主廚傑哈德．普洛斯培（Gérard Prosper）教會我擔起責任，也要承受責任。因此，不久之後，甜點店搬到更大的店面時，我被分配到更大的團隊。在那裡我也可以依靠傑哈德，他教我管理店面營運與團隊事宜，讓我不用多走冤枉路。他像教練一樣，幫助我建立人脈，打開我的視野，教我如何與銷售團隊、營運部門、管理階層維持良好的關係。事實上，他教給我的是真正的實務課程，正好與技術性知識相輔相成。甜點這一行開始有了收穫，各方面皆然。隨著時間過去，我反而更加渴望得到建議。

如今在巴黎開設冰淇淋店的法比安．菲尼克斯（Fabien Foenix），比我還要早進入雷諾特學習。他給了我許多更直觀的祕訣與準則，大大指引了我，對於在雷諾特這種大公司中闖蕩相當受用。他告訴我哪些人可以信賴，哪些最好閃遠一點。這令當時與往後的我不斷前進，也使我在二十一歲時，能夠在法蘭索瓦．克雷克（François Clerc）的甜點熟食店擔起副主廚的職位，帶領共有八個人的團隊。

不過當時是一九八一年，兵役逐漸逼近。於是我提前採取行動，主動去見雷諾特先生。

「如果可以的話，我希望能留在巴黎，並保留我的傭人房。」我毫不猶疑地對他說。

「就這樣嗎？」他笑著回答。

就這樣，他幫我約見了當時管理艾儷舍宮（palais de l'Élysée）廚房的主廚。馬樹爾．勒賽沃（Marcel Le Servot）是善良正直的人，口齒清晰伶俐，而且顯然對社會黨沒有任何好感。「年輕人，我很想幫你，不過要是左派當選，我就會被開除，到時候就無計可施啦！」他直截了當地說。

因此撇開各種政治考量，我開始祈禱季斯卡（Valéry Giscard d'Estaing）會繼續擔任法蘭西共和國的總統。不過如大家所知，結果並非如此。然而意想不到的是，馬樹爾．勒賽沃繼續擔任艾儷舍宮的主廚，並努力以肥肝口味的精緻小點滿足密特朗（François Mitterand）挑剔的味蕾，最後成功將我安插在國防部擔任甜點師。至於雷諾特先生，他則同意讓我繼續使用那個房間，以週末在雷諾特甜點店工作「支付」租金。總之，我是最幸福的役男！

在楓丹白露（Fontainebleau）服役一個半月後，我被派去支援坐落在巴黎七區 Saint-Dominique 路上戒備森嚴的布利恩宮（Palais de Brienne），國防部長的辦公室與官邸就在那兒，部長是兩個月前上任的夏爾．赫紐（Charles Hernu）。那是一九八一年七月，我再也沒回到軍營。十個月間，我的生活如夢似幻，簡直令人難以相信。甜點工坊就在大管家的辦公室旁邊，我們要稱他為「老大」。他來自孚日省，自稱是阿爾薩斯人，雖然兩者完全不一樣，但是不用多說，這讓我倆有了共同點。

同事們不斷起鬨：「去呀，給他烤個咕咕霍夫，好好露一手！」大管家很愛吃，他必須經過甜點工坊才能進入他的工作區，因此我總是塞蛋糕給他。作為回報，他也很輕易就發給我「許可」。

除了咕咕霍夫，我最常做的其實是給夏爾·赫紐的里昂炸甜餅（bugne）。來自布列塔尼的他，曾長期擔任維勒班（Villeurbanne）的議員與市長，對里昂地區的感情極深。甜點也是，炸甜餅正是里昂甜點中的王者。部長對這些撒滿糖粉的長型小炸餅愛不釋口。他常常一大早在前往辦公室途中到我的工坊探頭探腦。

「小傢伙，一切都還好嗎？」他總是問我：「希望您還喜歡這份工作。」

接著他總會問一連串饞嘴的問題：「您什麼時候才會再做那些好吃的炸甜餅呀？或是令人無法抵抗的粉紅帕林布里歐許[5]啊？」

他與妻子朵明妮珂（Dominique Hernu）都是熱情友善的人，與他們往來既單純又直接。我常和朵明妮珂討論甜點工坊的事，她堅持隨時要有提供給國防部訪客的甜食。我們聊過沙布列的質地、馬卡龍的香氣，我便依照她的喜好製作。我每天都快樂無比，而且精力充沛，為了賺點錢，晚上在聖西蒙農莊餐廳（La Ferme Saint-Simon）工作，由法蘭西斯·馮登內德（Francis

Vendenhende）經營，他是德妮絲・法珀（Denise Fabre）的丈夫。這份工作是餐廳的甜點主廚昂德烈・赫斯勒柏（André Heslebeuf）介紹給我的。那段時期真是緊湊豐富又美好。

由於週末在雷諾特甜點店工作，當時我的甜點創作仍深受雷諾特的影響。我花了至少四、五年的時間才敢嘗試不一樣的作法，甚至反其道而行。由於個性忠誠，這麼做總讓我覺得是不對的。

對我的父母也是。我花了非常多年，才提起勇氣向他們坦白，同時也是對自己坦承，我不會如他們所期望地接手家族事業。我想我是在一九九二年他們退休時才說明白的！過去我一直逃避，不敢告訴他們，自己並不想過他們那樣的生活。

5 譯注：brioche aux pralines 是里昂特有的粉紅 praline 甜麵包，praline rose 也是里昂特有，故中文加上「粉紅」作譯。

椰糖沙布列

可製作35個沙布列
製作時間20分鐘
烘烤時間18分鐘
靜置時間2小時

食材：

半鹽奶油200公克
極優質 extra-fin 奶油75公克
椰糖90公克
給宏德鹽之花1.5公克
過篩熟蛋黃 ½ 個
T55 麵粉265公克
馬鈴薯澱粉50公克

步驟：

1. 奶油回溫至室溫➡麵粉和馬鈴薯澱粉一起過篩➡攪拌機裝攪拌勾，依序放入食材攪拌至剛成糰➡麵糰移至烤盤，以保鮮膜包起，冷藏1到2小時

2. 工作檯上略撒麵粉防沾，將麵糰擀至0.5公分厚，切出直徑5到6公分（視防沾烤模的尺寸而定）的圓片➡將圓片放入模具，冷藏至烘烤前

3. 旋風烤箱預熱至165℃➡放入沙布列烘烤18分鐘➡出爐後立刻放在另一個烤盤上翻面脫模➡靜置冷卻後，放入密封容器室溫保存

PIERRE HERMÉ

12 RUE FORTUNY PARIS 17e

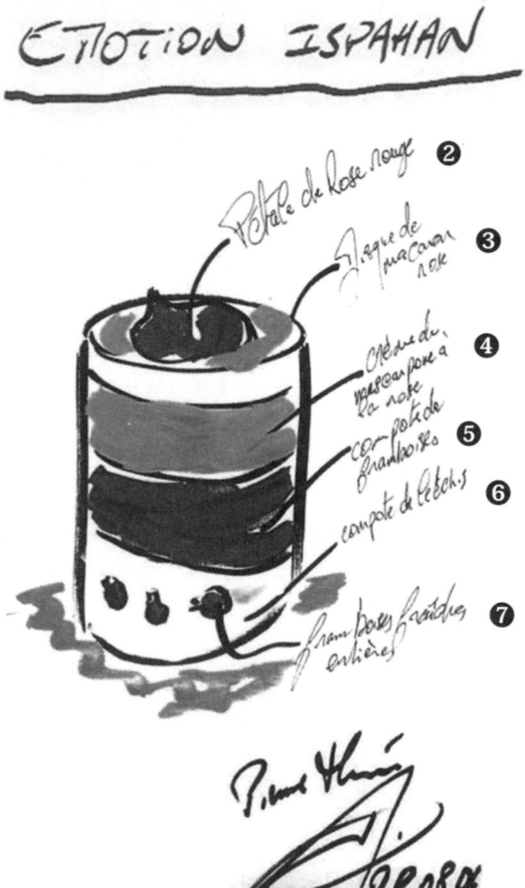

❶ 伊斯法罕甜點杯
❷ 紅玫瑰花瓣
❸ 粉紅馬卡龍餅
❹ 玫瑰馬斯卡彭奶霜
❺ 覆盆子果泥
❻ 荔枝果泥
❼ 新鮮完整覆盆子

3 啟迪

馬鈴薯砂鍋燉肉與獨立

在我的內心深處，很早就知道自己會留在巴黎繼續走自己的路。意識到自己不會回到阿爾薩斯的時候，我才十八歲，即使我深深眷戀著家鄉，每次回到那兒還是非常快樂。

我很喜歡阿爾薩斯人，他們的價值觀對我而言非常珍貴：講信用、要求精確、有工作意識、準時，其實是相當日耳曼的心態。我父母那一輩的阿爾薩斯人由兩種文化形塑而成：生於一九三〇年，上了十年法語學校，接著戰爭期間去德語學校，後來再回到法語學校。在家裡，我們看的德語電視節目遠比法語多，父母與同年代的人之間只用阿爾薩斯語交談，這是源自接近瑞士巴塞爾地區（Bâle）德語的方言。不過注意，阿爾薩斯語之間也有差別的：儘管相距僅二十公里，有些字在北方和南方的阿爾薩斯語中完全不一樣！無論如何，父母（帶著濃重科爾瑪口音，尤其是母親）會夾雜法語或阿爾薩斯語跟我說話，不過我只會用法語回應。我聽得懂阿爾薩斯語，但說得並不好，每當我試著說阿爾薩斯語時，很快就會不小心變成德語，德語是中學時期我在學校學的，而且和大部分同年齡的阿爾薩斯人一樣說得很流利。

最近受邀上Canal+電視節目《私密告白》（*En Aparté*），主持人記者娜塔莉．雷薇（Nathalie Levy）在錄製時出其不意地播放我父母在二〇〇二年唯一一次接受採訪的片段，影片中他們正在談論我。再度看到他們最真實的樣貌，沒有濾鏡，沒有刻意擺姿勢，還有他們「難相處」的一面與獨特的口音，真的很令我動容。人在失去雙親後，就會失去一部分過去，因為雙親就是這段歷史最早的擁有者。看見他們講述我還是小男孩時的故事，一度讓我亂了方寸。

話題回到阿爾薩斯。我的父母沒有時間也沒有意願帶我探索這個省份，甚至連放假的時候也沒有。夏天全家去度假時，我們會開著DS前往義大利的卡托里卡（Cattolica），就在里米尼（Rimini）南邊。有時候則去比亞利茨（Biarritz）、巴爾卡雷斯（Port-Barcarès），甚至布列塔尼。我們總是住旅館，那也是我最喜愛的時光，因為唯有這時候雙親才會全心陪伴我，也是我們的活動與工作無關的時刻。

我們幾乎從未去過科爾瑪與周邊以外的阿爾薩斯。對家鄉的認識，全是在很久以後，我回到阿爾薩斯後獨自進行的：文化、博物館、葡萄酒之路、農人、物產、主廚、餐廳……我有時候會說，我對阿爾薩斯的感情還比不上科西嘉出身的妻子薇樂麗呢。但是二〇二〇年春天封城解禁後——我們是在別稱「美麗島」的科西嘉度過封城的，第一要務就是趕回阿爾薩斯。我需要「我家」的料理。在這情況下，經營「伊爾河旅店」（Auberge de l'Ill）的朋友伊莎貝和馬克．

黑柏林（Isabelle et Marc Haeberlin）在自家接待我們，因為餐廳仍在休息中。手藝高超的主廚馬克煮了一顆完美的蛋，搭配極細緻的馬鈴薯泥和一塊培根，烤至可口的小牛肋排，來自下莫什維爾（Niedermorschwir）的多年好友與出色的甜點師克莉絲汀．法珀（Christine Ferber）則帶來甜點。

這個省份處處都是才華洋溢的主廚，除了酸菜和馬鈴薯砂鍋燉肉，阿爾薩斯也有極豐富的料理與美食文化。沒有任何食物比得上酒農的輕食，搭配大量葡萄酒的芒斯特乳酪（munster）和馬鈴薯，或是思華力腸與康堤乳酪沙拉（salade de cervelas et de comté）、酥皮肉凍或熱騰騰的肉餡派……小時候我不太喜歡酸菜，卻很喜歡 suri ruewe ——切薄片的白蘿蔔，發酵後與酸菜一起料理——我一直對它有特別的情懷。

說也奇怪，孩提時代，我的父母並沒有灌輸我味覺的敏銳度，不會在日常飯桌上解釋我們在吃什麼。雖然還算好吃，但與其說是料理，倒不如說是為了填飽肚子。我的味覺記憶比較多是關於奶奶和外婆，因為我常常在她們家吃午餐或晚餐。她們會準備各種我愛吃的東西，像是鮮奶油煮豌豆胡蘿蔔、阿爾薩斯粗粒小麥煎糕搭配水煮蛋和番茄醬汁、她們的手工麵，或是外觀類似里昂魚丸（quenelle）的雞肝丸子（knepfles de foie）。至於甜點，她們會做漂浮島（œufs à la neige）、夏洛特（charlottes）或是我喜歡的東西，因為這些是我在家不會吃的料理，總令我想起與祖母們度過的美好時光。

祖父輩我只認識外公，他外表嚴厲，事實上心地善良。他是送貨司機，也是園丁，與身為清潔婦的妻子一起為科爾瑪多家麵包糕點店工作。爺爺於一九五九年過世，就在我出生前兩年，與他父親一樣都是麵包糕點師傅，也愛好美麗的事物。他是錢幣與郵票收藏家，還是古董、藝術品、老家具和老書的愛好者。我真的好希望能夠認識他，因為他向來被描述成深具魅力、充滿熱情又迷人的人。爺爺接手他祖父於一八七〇年開業的麵包糕點店，這家店至今仍屹立在原址，是科爾瑪最古老的麵包糕點店之一。就某方面而言，Maison Pierre Hermé 在二〇二〇年等於慶祝成立一百五十週年呢！

我從來沒有考慮過在阿爾薩斯落腳，再說，十四歲離家後我也不住在那裡了。不過我經常會去阿爾薩斯，自從二〇〇八年在那裡設置 Pierre Hermé Paris 的馬卡龍和巧克力工廠後，到阿爾薩斯令我更愉快了。

其實我早早逃離的並不是阿爾薩斯，而是原生家庭的生活方式。

擔任學徒的第二年，我回科爾瑪的間隔時間變長了，和父母見面的次數減少許多。我的收入開始變多，因此休息日時在巴黎做些有趣的事。母親的教養方式建立在責備而非讚美上，因此她有諸多怨言。她感覺我正在緩慢但確實地脫離這個家。

十六或十七歲時，我還不清楚自己想做什麼，但是我知道我不要過他們那種人生。工作和私人生活混在一起，代價是無止盡的爭執。我一直希望自己不要經歷這些。小時候，無論家族糾紛，還是父親與姊妹、我母親和她婆婆與小舅子的惡劣關係都讓我很不快樂……常常有人想看我小時候的照片，不過我只有寥寥幾張，散落各處，而我的工作用文件總是排成一列。顯然這透露出再明白不過的裂痕。

阿爾薩斯固然永遠是我的出發點與基準點，不過我認為自己下意識地與家人拉開距離。家中還剩下母親的兩名姊妹與幾個表親，我們的關係不差，但是極少見面。對我來說，家族義務（多冷淡的詞啊！）代表確確實實的重擔。

我選擇的朋友，才是我如今的家人。初抵巴黎時，我很快打造出自己的世界，建立起牢固的關係。我很渴望與充實豐富的人交流認識，而人生在這方面確實待我不薄。

番茄與解放

結束夢幻的兵役生活後，我不得不回到現實世界找工作，為此自然轉向培育我的學校，而雷諾特先生正好有一項適合我的計畫。他才剛與主廚保羅・博庫斯（Paul Bocuse）和侯傑・維爾吉（Roger Vergé）合作，要為佛羅里達州在奧蘭多附近即將開幕的迪士尼未來世界（Epcot）主題樂園法國館設計飲食。他想派我去那裡，並保證對我一定大有助益。這項計畫非常龐大，但是一方面我完全不瞭解那兒的工作條件，另一方面，我認為出國扛下這份挑戰還言之過早。

同一時間，我的好友菲利普・特雷諾已經在熟食廚師法蘭索瓦・克雷克的店裡擔任甜點主廚，他邀我接下副主廚的職位，我也接受了。起初我在公司位於聖傑曼昂萊（Saint-Germain-en-Laye）新開幕的店裡工作，接著我被任命為甜點副主廚，轉到聖烏昂洛莫納（Saint-Ouen-l'Aumône）簇新的甜點廚房。新地方、新團隊，對年僅二十二歲的我而言，非常適合（重新）起步。

我在法蘭索瓦・克雷克那兒度過美好的兩年，帶領一支團隊設計各種產品，並著手開發我最初的甜點。雖然當時的作品中仍有些許雷諾特的痕跡，但我就是在這段時間怯生生地擺脫過去所學的。

我對這些作品記憶猶新。由吸滿覆盆子白蘭地（kirsch à la framboise）的蛋糕、覆盆子慕斯和綜合紅色莓果組成的紅色莓果夏洛特。還有「加勒比」（Caraïbe），是在吸飽透明蘭姆酒的蛋糕上放椰子慕斯林奶餡、鳳梨果肉、青檸皮絲和紅醋栗。這款甜點仍在我的甜點集裡，隨著時間過去，甜點也不斷變化，現在叫「維多利亞」（Victoria），以達克瓦茲、椰子慕斯、鳳梨、青檸皮絲和新鮮芫荽組成。

彼時我尚未完全理解這一切，但透過想像風味組合，以多種不同類型的甜點（蛋糕、馬卡龍、磅蛋糕、冰淇淋、甜麵包、甜塔……）重新詮釋、變化我的作品，也成為我日後作品的特色之一。後面會再談到這部分。

那時我自己也必須進化，內在的動力推著我改變。法蘭索瓦・克雷克的餐廳之一 Pavillon des Princes，其主廚吉爾・艾皮耶（Gilles Épié）告訴我，有位叫亞蘭・帕薩德（Alain Passard）的人正在找願意跟他到布魯塞爾的甜點主廚，因為他被任命為 Le Carlton 餐廳的主廚。我當然抓住這個機會。不知不覺中，我已經踏上一場奇妙的冒險。

當時亞蘭・帕薩德才二十六歲，不過才華已備受認可，因為他剛為位於昂吉安賭場的 Duc d'Enghien 餐廳摘下米其林二星。他是獲得這項殊榮的最年輕主廚，也應了在布魯塞爾美食界呼風喚雨的企業家尚・麥里安（Jean Mailian）的邀約。麥里安坐擁好幾間餐廳，以及位於 Sablon 廣場上的美食村（Le Village gourmand），那是一間高級食品店，主要販售魚子醬。（後來他在一九八六年開設一間高級食品零售公司 Marché des Chefs，如今仍營運中）。

這位先生的野心不小，大名鼎鼎的卡爾登飯店（Carlton）坐落在極為優雅的路易絲大道，是非常豪華的地方，明亮挑高的天花板，有點像巴黎的拉塞爾飯店（Lasserre）。對八〇年代的布魯塞爾來說，是相當大膽的奢華。餐廳創立於一九八四年，我並沒有在那裡待太久，是有原因的。

我只聽說過亞蘭・帕薩德的名氣，我們不只處不好，根本合不來！亞蘭年輕氣盛，必須證明自己。此外，他也要承受老闆要求為卡爾登拿下三星的壓力。至少可以說，這一切都讓主廚變得粗暴嚴厲。至於我，並沒有太多飯店廚房的經驗，因為我太適應甜點店的模式，無法達到他要求的水準。下場就是，我第一次以甜點形式烹煮番茄就搞得「狗血淋頭」。由於不可能待在這種環境，三個月後我就走人，進入一家比利時的老牌甜點店：位於大薩布隆廣場上、歷史悠久的維塔梅（Wittamer）。這等於是比利時的雷諾特，不過店面較窄小。我在那兒留下非常美好的回憶，與維塔梅家族建立關係並認識了皮耶・瑪柯里尼（Pierre Marcolini）和路易吉・比亞塞托（Luigi Biasetto）。當年他們只是年輕學徒，如今都成為專業大師且仍維持友誼。啊！我卻只在維特梅短暫停留，因為別的冒險正在等著我，這次是在盧森堡。

玫瑰與好奇心

二十三歲時，我首度被「獵」到第一份飯店裡的工作，這要感謝賽吉・布列達（Serge Bréda），他是「法國最佳工藝師」（meilleur ouvrier de France），也是極具代表性的甜點品牌馥頌（Fauchon）的前任甜點主廚，雖然我們只見過一、兩次面，他卻對我很有好感。他知道我打算離開布魯塞爾，便幫我聯絡上即將開幕的盧森堡洲際酒店（Intercontinental）負責人，我立刻被錄用了。這份職務相當重要，要帶領一支六人團隊，負責酒店的所有甜點：除了餐廳部、高級餐廳、正式宴會的餐後甜點，還有早餐的甜麵包、客房部的甜食、下午茶的甜點等。這個案子的工作規模比甜點店盛大許多，除了必須精心規劃，在設備、採購食材和器材的工作量也非常大，畢竟這是一間酒店的開幕典禮。

當時我很幸運認識了盧森堡的甜點主廚皮特・歐貝懷斯（Pit Oberweis）。這位了不起的先生如今已經八十多歲，他與妻子共同創辦我所見過最漂亮的甜點熟食店之一，現在由兒子湯姆和傑夫（Tom & Jeff）接手經營。皮特真的是我們這一行中最重要的人物之一，我們永遠能從他身上學到一些東西。他非常謙遜，即使他做的甜點美味又精巧，卻永遠反躬自省。我抵達盧森堡的時候，他熱情地迎接我、陪伴並協助我在工作上打穩基礎，全然是出於好意與慷慨。

這對我而言是一次決定性的會面，因為皮特除了後來提供我友誼的支持，也在許多事情上讓我的思想更開闊，特別是將我介紹給一九八一年由盧西安．佩提耶（Lucien Peltier，當時在巴黎七區的 Sèvres 街擔任甜點師）創立的法國甜點協會（Relais & Desserts），該協會始終致力於集結法國與國際甜點界的精英。這對提升我的個人素養、技術與品味功不可沒。對我來說，這個協會一直非常重要，因為這是專業人士得以打破藩籬、毫不藏私地交流的場合，無條件分享我們對原料的知識與專業技藝。我在找某些東西的時候，例如將艾菲爾鐵塔轉印到馬卡龍上的好方法，會詢問同行是否有這類專門工具，四散在法國、歐洲、美國或亞洲的會員中總會有人能回答問題。

皮特．歐貝懷斯在八〇年代擔任甜點協會主席，後來由菲德列克．卡索（Frédéric Cassel）接棒，現在則是文森．加爾雷（Vincent Guerlais），他們分別是住在楓丹白露和南特（Nantes）的甜點師。至於我，我已經擔任副主席二十年了。我會帶來想法、人脈，但是我一點也不想當主席，這太耗費時間和心力了！我已經從二〇一九年起擔任世界盃甜點大賽的主席……總不能什麼都做吧！不過我始終都很感激皮特．歐貝懷斯把我介紹給對我如此重要寶貴的協會。每當有需要，他總是支持我，我非常感恩。我創立自己的品牌時，他給了我店面、廚房、工廠……各方面規劃的建議。若說加斯頓．雷諾特是我的守護者，那麼整個職業生涯中陪伴我的皮特．歐貝懷斯就是我的典範了。這段在盧森堡的經歷不但是我首次進入酒店工作，而且還是在異國，若說一切非常順利，那一部分要歸功於他。

但更準確地說，這也要歸功於一位名叫克麗絲汀（Christine）的年輕女性，我和她相處的時間越來越多。我很早就交女朋友，大約十三歲在阿爾薩斯就讀寄宿學校時。接著又交了好幾位女朋友，不過都不是認真交往。但是克麗絲汀不一樣。我真的很喜歡她，雖然她對甜點沒有任何興趣。話說回來，這也不是我交女朋友的首要條件嘛！來自侏羅省的克麗絲汀活力充沛、意志堅定而且熱愛馬術，彼時管理洲際酒店的其中一間餐廳。當時我們很親近，但只是朋友。後來她到英國工作時回來見了我幾次，我們的友誼漸漸轉變為愛情，最後我們結婚了。距離反而讓我們更親近。可惜，一段時間後，親近卻令我們疏離。其實在後來的幾年間，她一度回到巴黎為 Flo 集團工作，我則剛搬回巴黎。她很晚回家，我一大早就出門，結果我們分開了，不過始終維持良好的關係。

我在盧森堡的這一年學到很多，尤其在甜點師生涯中有重大發現。回想起來，我甚至認為這是我踏入味覺世界的第一步呢。

飯店曾舉辦過一場保加利亞料理與甜點的活動，我興致高昂地參加了。彼時我全神貫注地觀看示範，貪婪地細細品味每一道料理、甜點和蛋糕。當注意到無所不在的玫瑰味時我大感驚訝！我已經不太記得那天嚐過的特色料理，但是仍能清楚感受到舌頭上散發的玫瑰風味。我知道這股香氣是中東甜點的特色，不過當時我的味蕾還沒準備好。那天我滿腦子都想著玫瑰的味道，保加利亞工匠引發我強烈的好奇心。保加利亞傳統料理中主要以玫瑰水增添玫瑰香氣這件事，一直在我腦海裡揮之不去。我突然想到用自己的方式在甜點中詮釋玫瑰香氣，但沒有立刻成型。我還沒找到滿意的方法。

我花了好幾個月的工夫消化這個味覺衝擊，開始和朋友兼同事亞尼克·勒佛（Yannick Lefort）討論，他也來自科爾瑪，我們曾共同創辦一間小型顧問公司 H&L Proconcept。當時我們各自有正職，他在美心餐廳（Maxim's）的熟食部，接著到 La Grande Épicerie de Paris，後來創辦 Macarons gourmands。不過我們彼此分享很多東西，尤其是對玫瑰味的迷戀，我們開始進行測試。這是我運用的第一種「古怪」香氣。

我試著結合焦糖，但是整體太香甜柔美。於是我選了帶有酸味的覆盆子以平衡玫瑰的甜美氣息。好多了，可是還要經過很多年，才成功結合各種風味，創造出大受歡迎的「伊斯法罕」（Ispahan）甜點……

我正埋頭做花香風味實驗時，賽吉·布列達（又是他！）告訴我馥頌正在找甜點主廚取代一位名叫保羅．貝爾東（Paul Berton）的人。

「算了吧！他們的甜點真的很不怎麼樣……」我回答。

「那就更有理由應徵啦。」賽吉鼓勵我。我聽了他的話，覺得不無道理。

接見我的是馥頌的管理成員之一尚－克勞德．克羅夏（Jean-Claude Crochard），我也直言不諱。反正我已經有一份好工作，覺得沒什麼好損失的，那就公平競爭吧！

「馥頌的名氣很響亮，但是甜點卻沒有名氣精彩。」面試時我對他這麼說。

氣氛一下緊繃起來。

「是嗎？如果您得到這份工作，會怎麼做呢？」面試官面不改色地問我。

我把準備好的想法都說出來，他滿臉贊同地對我說：「正好，我的目標就是要讓馥頌成為巴黎最好的甜點店。現在就看您的表現啦！」

當時我二十四歲，雖然對錄取我的公司的甜點毫無興趣，但這畢竟是一間全球知名的公司。時值一九八五年十一月，不用說，接著我將在隔年年初上任。

幾天後，也就是十二月二十日，一場大火燒毀馥頌的建築，店主喬瑟特．吉列米諾．琵洛索芙（Josette Gulliemino Pilosoff）與年僅二十二歲的女兒娜塔莉（Nathalie）葬身火場。這場大火還造成十三人受傷，其中幾人傷勢嚴重。

那年的聖誕節哀戚無比。

幾個星期後，我在五味雜陳的情況下開始在馥頌的新工作。

我上任時保羅・貝爾東還在，他無疑是想堅持法規的預告期。我很快就提出抗議。在即將離職的人面前帶領高達三十二名甜點師的團隊太過棘手，因此貝爾東先生被解僱的時間比預期得早一些，希望他原諒我。

另一個障礙，但還不是最大的，就是某些甜點師已經在這家公司待了二十五年，並非人人都對我的年紀服氣。即使我努力打好關係，一位倚老賣老的甜點師總愛在我開口請他做事的時候羞辱我。當年我血氣方剛，簡直氣炸了，把那傢伙拖到人事主管面前，主管幫他簽了終身假單。另一個負責工作台冰箱的傢伙則主張自己有權領退休金。除了這兩人，我留下所有職位上的人。經過好幾個月的評估後，我招募了一位非常出色的副主廚尚－米歇爾・佩盧雄（Jean-Michel Perruchon）。他現在已是「法國最佳工藝師」，也是貝盧耶甜點學校（Bellouet Conseil）的所有人。

終於可以開始工作了。

要做的事可多著呢。其中之一，就是打造馥頌甜點部的全新身分。

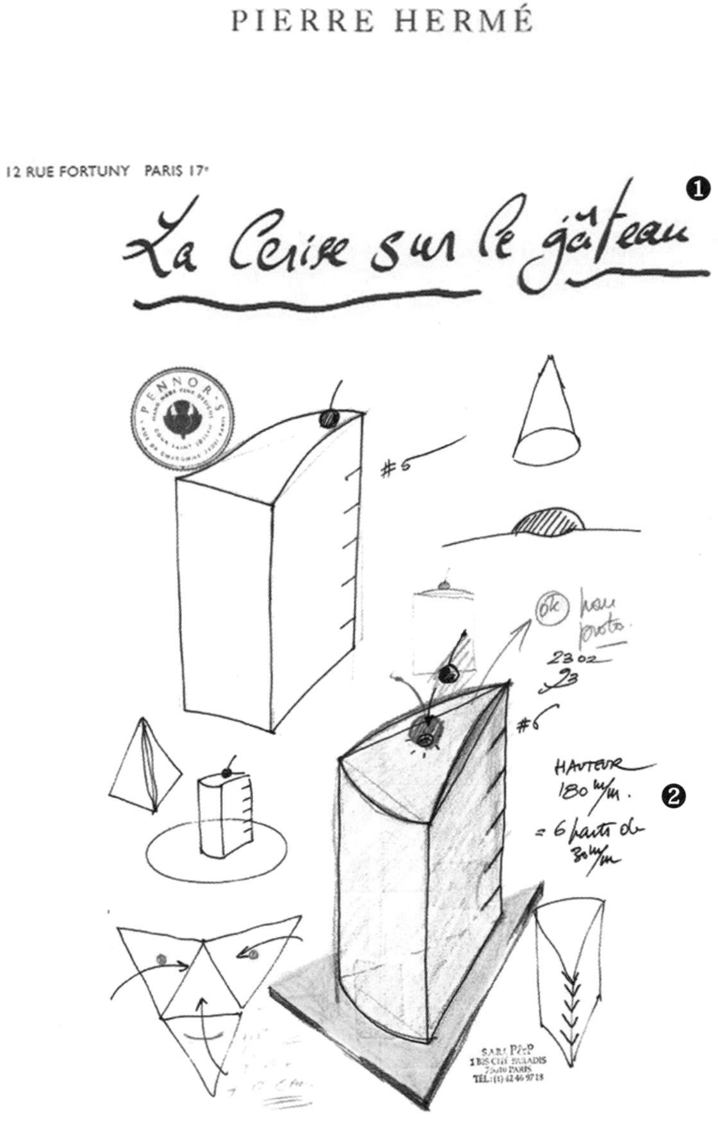

❶ 蛋糕上的櫻桃
❷ 高度
180mm
=30mm 的高度 6 條

4 行動

方法與奶油霜

在不改變又要延續其歷史的前提下，該如何改造一個品牌，使其成為巴黎最好的甜點店呢？

這道有多重未知數的方程式並不好解。

我沒有任由自己手足無措，那不是我的個性。雖然滿心疑惑，不過我對自己想做的事情相當有信心。人必須學會處理疑惑，在不斷質疑和過分自信中找到平衡。

對於這方面，我只知道一種解決方法：工作，必要時就日以繼夜地工作。我觀察很多、不斷思考，寫下數百頁筆記，以便將自己充分浸淫在馥頌的特色中：品牌的強項、弱點、特色、功能。甜點業和所有專業領域都一樣，精準確立職務的範圍，絕對是必要的出發點。

我每天都會進行這項實地「調查」，同時確保每日的甜點品質。這非常耗費體力，我的團隊尤其辛苦，因為我對他們的要求最高。比起現在，當年的我非常火爆，一點也不溫和，而且非常強硬。我什麼都想要，而且立刻就要，因此甜點的品質絕佳，日日如此。我不放過任何小細節，必須承認當年我的團隊在甜點之外，可真是嚐盡各種滋味啊……我記得菲德利克．波（Frédéric Bau，現在是法芙娜創意總監）、克里斯道夫．菲爾德（Christophe Felder）還有後來的克里斯多夫．米夏拉克（Christophe Michalak）都是我在馥頌時雇用的年輕人。菲德利克這傢伙總是遲到，但我對準時異常執著；身為道地的阿爾薩斯人，我的守時症頭是無藥可救的！某天早上，我沒看到菲德利克的影子，就叫人準備早餐，精心擺放在工坊正中央的桌上。他抵達時，我要他坐下喝咖啡吃可頌，並在所有的人面前對他說：「不急，慢慢吃你的早餐呀，我們可要工作呢！」

總之，我真是很討人厭。不過菲德利克再也沒有遲到了。

以我的職位來說，眼前的任務相當艱巨。我的工作分為兩個部分：首先是改良現有產品，不過最重要的是提出改變和新產品。

我在各方面推動改變，落實師傅們曾教給我的一切，包括嚴格要求、原料選擇、組織規劃和方法。我提出將食譜歸檔並分享，像在雷諾特那樣，以便人人都能瞭解每一款甜點獨一無二的有效操作方式：精挑細選的食材、精確至公克的秤量、極度嚴謹的烘烤過程、符合標準的裝飾等。這些現在看來似乎稀鬆平常，但在當年並不普遍。在馥頌，老派甜點師仍會將食譜手寫在筆記本上，可能會導致完成品的水準參差不齊。要知道，在甜點中即使採用精確的食譜（亦即我的一貫作法），但成品仍會隨製作的人而有所不同。就像同一份樂譜讓十名演奏家彈奏，就會有十種不同的解讀方式。一絲不苟的規範對於獲得穩定品質更顯必要，包括當時已是馥頌經典的甜點，如梅潔芙（Megève，法式蛋白霜與巧克力慕斯組成）、薩赫（Sacher，吸飽白蘭地的杏仁膏巧克力蛋糕搭配巧克力甘納許）以及巧克力卡普辛（Capucine chocolat，搭配帕林內奶油霜的進化版杏仁蛋白霜蛋糕，不久後我加入些許質地元素和義式蛋白霜，使整體變清爽）。

我足足花了一年，才搞定這些純技術措施。副主廚尚－米歇爾・佩盧雄在這方面的協助彌足珍貴。

風格與成熟

這段時間裡，我正發展自己的想法和創作。當時我並未意識到，不過回想起來，我才明白就是從那時候明確與雷諾特流派拉開距離。一路以來我仰賴雷諾特教給我的所有技藝，至今仍非常受用，而我也緩慢但堅定地走向內心長久以來的感受：渴望與眾不同、以甜點展現我的個性。說劇變有點言過其實，老實說我並沒有真的這麼覺得。然而有些事情正在發生：我開始傾聽內心的聲音。我不再只是滿足於詮釋現有的食譜，而是創作全新的配方。關於這個話題，我想到尚・考克多（Jean Cocteau）的某句話，或多或少在下意識中為我指引方向，值得諸位深思玩味：「今天就要著手進行明天人人將做之事。」

我受到在馥頌的職務驅使，管理階層也不反對，至少尚未反對，我開始實踐這項原則。整體來說，他們放任我做想做的事；甜點賣得很好，我因此更加不受拘束。甜點創作建立在三大主軸上，這三大基石確立了我的風格，我也從未偏離這些原則：

- 設計季節性系列
- 探索嶄新風味
- 打破傳統規範的美學

我有一份深植在心底的抱負：讓甜點走向更高的品質與現代感。我感覺必須有所作為，才能將甜點推上高峰。

不過在繼續這個話題之前，我想先澄清一些事。在甜點業中，我常讀到或聽到有人說我「重新創造」。我從沒有發表過這類不可一世的言論。我固然對甜點的發展有所貢獻，就像在我之前的盧西安・佩提耶或伊夫・杜里耶（Yves Thuriès）那樣，也是菲利普・康帝辛尼（Philippe Conticini）和賽德列克・葛洛雷（Cédric Grolet）正在做的事。這就是手工藝行業的循環：透過傳承的傳統，一代又一代孕育出新人。我們是擺渡人：為了發展自己的創作，我們總是得仰賴前人的配方與技術，而我們的後繼者也會做同樣的事。因此，為了改良一款千層布里歐許的味道，或找出漂亮的「生日快樂」字體以放在蛋糕上，至今我仍會不時查閱雷諾特學校時期的筆記。而且無法否認的是，我的某些風味組合，像是伊斯法罕，就被許多年輕甜點師重新運用。這就是薪火相傳。

在（重新）確立這點後，我承認自己確實有對甜點的見解。這個願景可用五個字概括，而且無疑定義了我的品牌風格：培養差異化。在我看來，最重要的就是擺脫過去既有的一切，現在仍然如此。我熱切地想將這個行業帶往全新的層次，因為對我來說甜點業已經墨守成規太久了。我想要運用當季食材賦予甜點意義。我想要將奢華、有創意且大膽的風味組合帶入甜點。這也和我的其中一種執著有關：對店內的服務、包裝、環境等「細節」的注意——這些全都是重點！當年部分熟食店和巧克力店已經有這些細節，甜點店卻沒有。

這些當然不是一夕之間發生的，我指的是一個緩慢的過程，是在當時紮根，但在往後十年中才發展出來的成熟度。依我之見，這個過程還不夠快，不過這樣更好，因為有時我嚮往的事物在顧客眼中反而不合時宜。

草莓與信念

八〇年代時，將「季節性系列」的概念引進甜點店很難被理解，這是前所未有的作法。沒有多少人在乎尊重地球，人們認為在十二月購買櫻桃是很時髦的事，從秘魯或其他地方進口櫻桃是馥頌相當自豪的特色，一月吃草莓塔自然也不是什麼大不了的事。反之，如果甜點師不提供這些商品，客人還會抱怨呢！

至少可以說，我在馥頌首度嘗試推出季節性系列時並未引發多少興趣。一切歷歷在目：我相當滿意地到老闆瑪婷．佩雷瑪（Martine Prémat）的辦公室，向她介紹我的甜點。當我問她有何想法時，一陣令人尷尬的沉默就是答覆。

「您不喜歡嗎？」我問道。她顯然很困惑，連一口也沒嚐。我感覺自己滿臉發紅，低頭盯著鞋尖掩飾自己的難堪。當我抬起頭時，我看見她的秘書輕蔑地盯著我的甜點，然後用傲慢的口氣扔下一句話：「這些不太有馥頌的風格。」

老闆表示同意。我捧著托盤離開，雖然受到打擊，不過我堅持信念，接二連三地推出季節系列。

對我而言，冬天吃櫻桃簡直大逆不道。光是味道方面就無法過關。我在家族的果園附近長大，一向很清楚盛產中的水果最美味，因為此時的水果才全然成熟完滿，飽含糖份，散發各種騷動感官的美妙特色。也因此，能製作出最美味的的甜點……就像父親的紫香李塔，就是季節性的典範，因為紫香李的產季每年只有五個星期。這項原則一向左右著我的工作方式。我只在春天使用草莓，夏天是桃子，秋天是洋梨，冬天則是柑橘類……

然而，誠實迫使我不得不強調一個例外，畢竟有規則就有例外，有時我會為此遭受批評：一年四季，覆盆子都出現在我於一九九七年創作的伊斯法罕甜點中，這款甜點的風味組合就是玫瑰、荔枝以及覆盆子。由於伊斯法罕已經成為品牌的代表性甜點之一，很難只在夏季販售，顧客的需求量也很大。即便如此，我仍不斷尋找無論在季節性還是味道方面，都能以令人滿意的方式回應問題的解決之道。解決辦法也許是設計一款冬季版的伊斯法罕，以覆盆子果凝取代新鮮覆盆子，同時也是我重新詮釋自己經典作品的機會。我認為這類挑戰太令人興奮了，不過目前這個版本的火候未到。

話題回到八〇年代，那是人們想要一切的年代。當下就要，無論在哪都要得到，在奢侈品界尤其如此。在這種情況下，我想依循季節的想法自然被認為太過綁手綁腳，每當我們的農人因為降雨、寒流或是其他各種風險而無法即時送來水果，無論過去還是現在，我們經常不得不將某些店內甜點的上架時間延後一週或數週。在馥頌時我對某些覺得執著於季節很可笑的手下說：「耐心點，大自然才是主子。甜點可以等！」

他們會扁起嘴，客人有時也是。而現在大家都知道氣候暖化的危機，這麼做不僅很正常也是必要的。此外，遵循季節更成為我現在的首要條件之一，越加負責與精確的採購亦然，這點我們之後會再探討。

甘草與摸索

若說尊重地球以及由地球提供的作物是我承諾的一部分，季節性概念則帶我走上最精彩的冒險，也就是「味道」。我加上引號，因為這個詞對我來說代表了一切，是我的著眼點，既表達農產品的原始風味，也描繪了風味組合，這就是取之不竭的創作泉源。

我的一生中，每一天都熱切經歷這番冒險，回想在馥頌度過的頭幾個月，就能發現冒險的開端。身為一個過度有條不紊的人，我保留了過去四十五年所寫的筆記，並全數分類歸檔。我認為這是做甜點的必備能力，並以此要求所有合作對象。在馥頌的時期，工作一整天後，我會在晚上做筆記，內容是關於新款或既有的甜點，精確詳細地記下所使用的食材、風味組合、試吃筆記、甜點配方、製作與組裝示意圖以及外觀設計。既然我要創作甜點，首先就必須把它們畫出來。如此一來我就能讓設計顯得清楚易懂，思考該如何表現每一層與不同口感，令它們互相呼應、相輔相成。這就是味道結構的基石，也是我工作的根本。

翻閱一九八六到一九九三年期間的資料夾，其中的食譜開始真有我的風格了。這無疑是我奠定基礎的時刻，而且也相當動人。即使許多東西並不完美或未完成，我也會溫柔地看待，因為說到底，那是我的一部分，並且全然反映出我個人的甜點之路。不要否定自己的第一步，反而要好好珍惜起步。我正是在這些基礎上向前邁進，因為我知道自己永遠能做得更好。

此外，這些測試中的失敗之作說實話還不少：甘草巴伐露和班努斯甜酒巴巴（baba au banyuls）從未公開，黑李克拉芙提（clafoutis aux prunes）實在不怎麼樣，巧克力杏仁奶霜幾乎可說是難吃，巧克力千層麵糰則毫無新意。我不斷探索，哪怕會摔得鼻青臉腫……但我就是要探索！經過無數嘗試、實驗和決心，我終於設計出很棒的甜點，甚至是極出色的甜點。

我在馥頌時的早期甜點可以分成幾大類。

在造型、風味或口感都極具八〇年代狂野風格的創作。那是光彩奪目的瘋狂甜點，有著耀眼閃亮、鮮豔招搖的色彩，還有水果風味和慕斯口感。現在看來有些甜點可能顯得過時，但真的很美味。我想到「任性香蕉」（Caprice Banane，由榛果達克瓦茲、吸滿蘭姆酒的海綿蛋糕、煎香蕉和香蕉慕斯組成），或是甜瓜覆盆子多層蛋糕（甜瓜慕斯搭配完整覆盆子，整體覆滿透明果膠）。

我對這些作品相當滿意，可是很快就洩氣了，因為客人不買這些甜點。我從這次經驗中學到，香蕉和甜瓜在甜點中不好賣。這對我來說始終是個謎，因為它們的風味真的很有意思。

還有「瘋狂」（Folie's）——柳橙和覆盆子巴伐露搭配香檳沙巴雍（sabayon）——香檳沙巴雍當時一度蔚為風潮，但說真的，香檳並不能增添多少味道。

「胡西雍」（Roussillon）是如今我不會再做的甜點——吸飽杏桃生命之水的海綿蛋糕，上面放杏桃慕斯和炙燒義式蛋白霜——太無趣啦！我也記得紅色莓果夏洛特，那可是很經典的設計，不過呈現方式很現代，也有我最喜歡的蛋糕用食品印刷技術，這讓我們能製作當時其他地方還見不到的東西。巧克力塔也是，在當時是很新奇的甜點，尤其是因為我們用可可碎粒奴軋汀（nougatine）作裝飾，這是我和菲德利克・波的共同創作，是我們去幫忙名廚賈克・馬克西姆（Jacques Maximin）時做出來的。馬克西姆在 Negrosco 餐廳打響知名度，那時剛在尼斯的舊劇院開設一間非常瘋狂的餐廳。醉心於巧克力的菲德利克已經在法芙娜工作，而他行李箱中帶上的可可碎粒，是當時還沒什麼人會處理的食材。

「嘿，把可可碎粒加入用來裝飾甜點的奴軋汀怎麼樣啊？」我如此建議。馬克西姆很喜歡這個點子，於是我們立刻採用。這款風味濃郁的奴軋汀為巧克力塔增添美妙風味，極為暢銷。這也是我職業生涯中，數不清的成功合作與偶然發現的例子之一。

一九八七年，我在馥頌還創作了「馬里尼」（Marigny）。這款甜點以風味濃郁但不失輕盈的手法變化占度亞巧克力（chocolat guanaja），做成海綿蛋糕、馬卡龍、沙巴雍和香緹鮮奶油，很受歡迎。不僅如此，還獲得高特米魯（Gault et Millau）比賽大獎。不同於其他作品，也許我會想重新創作這款甜點，例如改變質地之類的。「青檸之鏡」（Miroir Citron Vert）也是，由吸滿蘭姆酒的海綿蛋糕、椰子蛋白霜、青檸慕斯製成並以新鮮水果裝飾，不僅鮮豔醒目，還圍上一條醋酸纖維緞帶呢！雖然外觀過時，它卻是我現在常想起的甜點。說不定哪天我會重新改造呢……

更廣義地說，回顧那些年代久遠的作品時，我留意到某些日後創作的「雛形」已然浮現。有些改變了，有些則沒有。

「喜悅」（Délice）的靈感來自德國相當經典傳統的風味組合：草莓和大黃。有人問我為何結合這兩種水果，我總是脫口而出：「這是東部口味！」（C'est l'Est !）

當時我的美食記者好友文森・費尼奧（Vincent Ferniot）之女瑟蕾絲特（Céleste）出生，因此甜點就跟著改名啦。味道也同時改變了，因為我加入百香果的風味，其香氣（不是酸味）能夠加強草莓和大黃之間的連結。近三十年後，這款甜點仍在販售中。

「清爽巧克力」（Fraîcheur Chocolat）也是如此，最近當作參考，用以製作「起源」（Origines）這個甜點。或是「天鵝絨」（Velours），後來演變成我的經典作之一「甜蜜的愉悅」（Plaisir sucré）。至於一九九七年創作的皮耶蒙榛果帕林內千層，則是三年後誕生的「兩千千層」（2000 Feuilles）的前身。去年冬天，我重新改造在馥頌時期大受好評的「里沃利」（Rivoli，君度橙酒巴伐露、開心果達克瓦茲、牛軋慕斯），讓口味變得更有現代感。我稍微變化了組合方式，上方擺一片杏仁奴軋汀圓片，重新命名為「伊比薩」（Ibiza）。

我也為「聖尚」（Saint-Jean）取了新名字，現在叫作「奧狄賽」（Odyssée），不過其中還是有核桃香軟蛋糕、沖繩黑糖核桃奴軋汀、栗子果凝和核桃甜酒奶霜。

由焦糖、芒果、椰子和荔枝構成的「桃花心木」（Mahogny），保留了一九九四年問世時的相同成分與造型。我目前的「草莓芙蓮」（fraisier）和八〇年代末的沒有什麼不同，「蒙布朗」（Mont-Blanc）亦然，一向以薔薇果果泥裝飾，原因很簡單：小時候我在秋天都吃母親做的薔薇果果醬，因此薔薇果的味道總是會讓我聯想到栗子。記憶永遠如此豐盛富饒。

紫羅蘭與膽識

開發出最初的甜點系列後，我推動了在馥頌的創舉：向媒體曝光。我們公司內部有一名公關專家，我和他的共事經驗不少：一起整理撰寫新聞稿、發送甜點給記者。當年的甜點界是不這麼做的。這勾起一些報社的興趣，他們開始明白，瑪德蓮廣場上的老牌店面中正在醞釀新玩意兒。被媒體認為有點過度「改革」的，主要是在某些甜點中加入花香或辛香料風味。

為什麼是花香？當然是因為在盧森堡那場「保加利亞料理與甜點示範會」上首次嚐到的玫瑰味。這股風味令我印象深刻，在我腦海中揮之不去。經過許多次還算成功的試驗，我終於在一九八六年做出「仙境」（Paradis）。這款甜點由兩片吸飽玫瑰糖漿的海綿蛋糕、玫瑰巴伐露與新鮮覆盆子組合而成，是「伊斯法罕」的前身。我以玫瑰花瓣做為裝飾，因為我覺得很符合馥頌的品牌氛圍，店內廚師會在生菜沙拉上撒少許花瓣。這款甜點的評價很好，銷量卻並不亮眼，不過我還是把它留在系列中，因為我感覺它很有潛力。我認為「仙境」的味道很好，但似乎還沒完成。我花了十一年才找到缺少的環節——荔枝。如今世人所熟悉的伊斯法罕一直到一九九七年才誕生（除了糖的分量，現在的版本比當年少了二五%的糖量）：甜美的玫瑰奶霜結合荔枝的花香氣息，奔放酸爽的新鮮覆盆子滋味使整體更明亮。這個香氣組合完全是憑直覺創造出來的，許多年後，我發現這三樣食材，也就是玫瑰、荔枝、覆盆子，皆包含硫的氣味，這就解釋了三者何以自然而然地連結起來。

研究玫瑰的工作，讓我在馥頌期間對花香風味萌生其他想法，當時我也設計了一款名為「水晶」（Cristal）的甜點。我想詮釋紫羅蘭的滋味，概念來自兒時的記憶：在家族經營的麵包糕點店中，母親販售「贊」（Zan）品牌的甘草小糖片。我最喜歡的是紫羅蘭口味，夢想著將這種滋味變成甜點，不過我遇上了一大障礙：要捕捉紫羅蘭那轉瞬即逝又纖細的味道極為困難，甚至是不可能的。我不得不退而求其次使用紫羅蘭酮（ionone），這是十九世紀末一位名叫約翰・卡爾・威廉（Johann Carl Wilhem）的人，試圖以脂吸法捕捉紫羅蘭香氣慘敗後所創造出的人造化合物。我還記得自己打算到馥頌對面的藥局購買這種化合物。香水界的偉大作品，如科蒂（Coty）的「牛至」（Origan）或嬌蘭（Guerlain）的「藍調時光」（l'Heure bleu）中皆用了紫羅蘭酮，只要分量下得高明，就能帶來絕妙的美味。一開始我以黑醋栗搭配，還不錯，但少了圓潤感，因此我加入馬達加斯加香草的香氣。現在這款甜點叫作「渴望」（Envie），絲毫沒有改變。

薰衣草是我很喜愛的風味，前提是用量不能多。那激發我在一九九一年創作出「花團錦簇」

（Floralies）。個性鮮明的薰衣草，搭配桃子和檸檬產生絕妙火花。後來法芙娜在市場上推出馬達加斯加孟加里（manjari）巧克力，酸味與紅色莓果香氣讓我想到能搭配乾燥薰衣草，催生出天雷勾動地火的孟加里蛋糕，其三角造型在當年非常創新呢。

更廣義而言，若說花香一度並持續為我開闢嶄新的道路，那它也讓我遇見工作上的重要貴人。由於我多年來對香氣充滿濃厚興趣，二〇〇一年曾接受*Vogue*雜誌採訪，珠寶設計師與JAR香水的調香師喬艾爾・羅森塔（Joël Rosenthal）也在行列中。看完這篇訪談後，當時在Patou工作的香水師與調香師尚－米歇爾・杜里埃（Jean-Michel Duriez）要求見我。他對我談論甜點的方式很感興趣。事實上，我在訪談中表達希望甜點能夠脫離單一狹隘的領域，使其成為品味自成一格的工藝。

我與尚－米歇爾的第一次午餐，始於一段圍繞在香氣與風味的精彩對談，自此，我們之間的對話從未間斷。我們發現一些相當令人動容的共同點：我倆皆出生於一九六一年尾，也就是愛馬仕（Hermès）推出第一支香水「驛馬車」（Calèche）的時期。這款香水是明亮的花香木質西普調，我們發現彼此的母親都是愛用者。我在七歲時送了這款香水給母親，她一直用到辭世……

除了這段感傷的軼事，尚－米歇爾和我都立刻明白，我們的思維很相近。他用味覺世界的語彙描述香水，我則用香水詞彙表達甜點。我們能夠交流分享共同的技藝知識是很自然的，因為我們都自認是創造者。因此對我們而言，當然不可能在甜點中採納或模仿某款香水：讓甜點帶有「喜悅」（Joy）或「一千零一夜」（Shalimar）的風味毫無意義。不過將嗅覺轉變成味覺，這就很令人興奮了，因為這是需要創造力的工作。

在香水產業中，如果某種花的萃取物相較於天然香氣很不理想，會以「緘默」（muette）形容那種花。前面提到的紫羅蘭就是如此，相同情況的還有鈴蘭、紫丁香、小蒼蘭。因此，調香師只好複製其成分，加入香水。要做到這一點，必須使用氣相層析質譜儀逐一重建某種香氣。

身為花的愛好者，有時我會想像花朵的風味；如果沒有香氣或是萃取困難，我就會自己幻想創造。我和尚－米歇爾一同把這作法應用在甜點中，也為此研發了康乃馨香調，因為這種花的氣味細微到難以散發。我們結合玫瑰、丁香和香草成功做出該氣味，我更以此創作了「康乃馨花園」（Jardin d'oeillet）口味馬卡龍。至於幾年後推出的「鳶尾花園」（Jardin d'iris）馬卡龍則來自我很喜愛的 Prada 香水「鳶尾」（Infusicn d'Iris）。在尚－米歇爾的協助下，我想向這款美妙的香水致敬，因此在天然鳶尾萃取物中加入正山小種茶、胡蘿蔔汁、少許紫羅蘭（正確來說是紫羅蘭酮）、番紅花以及一絲錫蘭肉桂。成品的效果出奇地好！

尚－米歇爾還讓我愛上茉莉。不同於玫瑰，原產於中國的茉莉除了茉莉花茶，過去絕少運用在料理或甜點中。我向來很不喜歡茉莉，因為其香氣難以駕馭。我無法掌握茉莉難以捉摸的味道。茉莉的香氣不僅鮮明，也隱含神祕感；不同於香氣較華麗的玫瑰毫不保留且赤裸地展現個性，茉莉顯得內斂許多。尚－米歇爾為讓．巴杜（Jean Patou）打造了一款香水，他請我為這款香水的發行特地創作以小花茉莉為主角的甜點。他幫我找到一種可用於甜點製作的天然香料，我以此為基礎，設計了一款以茉莉花茶果凝和奶霜、茉莉馬斯卡彭奶霜與糖煮無花果組成的甜點。

這是一系列創作中的第一件甜點，因為接下來我設計了一款巴薩米克醋（vinaigre balsamique）與茉莉汁液果凝黑巧克力千層、無限茉莉（Infiniment Jamsin）塔、無限茉莉馬卡龍——其中一個香氣組合來自Viktor & Rolf推出的香水「玫瑰炸彈」（Flowerbomb）以及其他口味的馬卡龍：茉莉黑李、茉莉玫瑰、茉莉野草莓與茉莉蠟菊苦橙花，最後這款馬卡龍的靈感來自我為歐舒丹（L'Occitane en Provence）設計的香水，我們在香榭麗舍大道86號開設聯名概念店時推出。展現茉莉之美的最新創作是二〇一六年的「茉莉日本柚子」（Yasamine），令茉莉的魔力、芒果的性感以及葡萄柚的苦味隨著節奏舞動。最終我拜倒在纖細茉莉的膝下。至於我與尚－米歇爾針對味道與香氣的精彩對談，最後集結成《風味之中》（*Au Coeur du Goût*）[6]。

最近，由於擁有大量這類風格練習，我以自己的方式打造出櫻花風味，亦即日本櫻花。一切始於我和朋友菲德利克．波的某次談話，他是我在職業生涯中遇過最才華洋溢又富創造力的甜點師之一。他在馥頌時期的習慣性遲到以及「懲罰性」早餐事件的後續不同於大家的猜想，而我們的關係也始終很親近。他並沒在我身邊工作太久，因為一九八六年某天早晨，當時的法芙娜總監安東萬．多德（Antoine Dodet）到馥頌和我喝咖啡，說他正在為創辦品牌旗下的巧克力學校尋找年輕甜點師。我立刻想到菲德利克，因為他除了個性很有創造力，也曾在梅茲

（Metz）知名的克勞德・布根尼翁（Claude Bourguignon）手下接受紮實的訓練，後者也是克里斯道夫・菲爾德、安傑羅・穆薩（Angelo Musa）和吉爾・馬赫沙（Gilles Marchal）的師父，我感覺他一定游刃有餘。

安東萬・多德和他談成了，三十六年後，菲德利克仍在法芙娜工作！因此我們經常會在產品方面合作（我使用的巧克力九九％皆來自法芙娜），交流討論各種話題，尤其是最近的「理性美味」（gourmandise raisonnée）[7]甜點，或是以適合的手法將櫻花風味應用在甜點中。

菲德利克對日本文化的造詣深厚，他的妻子也是日本人，對日出之國這種主要用在鹹味料理中、纖細又難以處理的食材相當熟悉。在日本，大部分的櫻花以鹽漬保存。還有一種乾燥櫻花粉，不過那非常昂貴，味道也不夠有說服力。因此我們下了有點瘋狂的賭注：我們要一步步「解構」櫻花的味道對其重新打造。運用酸櫻桃、檸檬與零陵香豆，我會想像合適的用量。平常我很討厭零陵香豆，這是熱帶香豆樹產出的種籽。我覺得零陵香豆的氣味太濃郁，而且常常使用不當。不過零陵香豆的香豆素含量很高，和黃花茅（乾草的成分之一）一樣，其中的草本

---

6 Agnès Viénot 出版，2012年。

7 編注：取自菲德利克於二〇二〇年發行的同名著作，意在調和熱情、理性、感性和營養，打造輕盈又美味的甜點型態。

香氣能令人聯想到真正的乾燥櫻花。這個風味和想像的一樣強烈，我先用來製作一款取名為「日本庭園」（Jardin japonais）的馬卡龍。接著在京都麗池卡爾頓（Ritz Carlton）的餐廳、巴黎皇家夢索（Royal Monceau）的Matsuhisa，以及尚－喬治．馮格里西頓（Jean-Georges Vongerichten）在馬拉喀什拉瑪穆尼亞（La Mamounia）的亞洲餐廳推出餐後甜點。

最後「日本庭園」變成一款甜點，我把它加入二〇二一和二〇二二年夏季的日本主義系列當中。這款甜點以橄欖油（取其製成的質地而非味道）檸檬沙布列為底，放上零陵香豆酸櫻桃果泥與檸檬香緹鮮奶油，最上面是做成摺紙造型的覆盆子粉紅巧克力。若說這是對櫻花味道的個人詮釋，我想這對我熱愛的日本文化來說是個美好的致敬。

在結束這篇關於植物的內容前，我想要聊聊甜點中的奇蹟與魔法——纖細無比的橙花。我承認自己對「世界庭園」（Jardin de l'Atlas）情有獨鍾，那令人聯想到摩洛哥的風味組合，是我在四年前為摩洛哥餐廳拉瑪穆尼亞設計的盤式甜點。世界庭園以檸檬雪酪搭配橙花冰淇淋，加上蜂蜜庫利（coulis au miel）、柳橙和檸檬碎塊，滋味絕佳且令我非常開心，因為這是我個人為之瘋狂的味道！狂熱到甚至以多種方式重新詮釋這項風味組合，像是千層（搭配焦糖千層、橙花瑪斯卡彭奶霜、檸檬香緹鮮奶油、橙花柳橙果醬與濃郁蜂蜜）、國王派（柳橙杏仁奶霜、糖漬檸檬柳橙）、蛋糕（橄欖油檸檬布列塔尼沙布列、橄欖油檸檬海綿蛋糕、檸檬果凝、濃郁蜂蜜、橙花瑪斯卡彭奶霜）、馬卡龍（檸檬奶霜、柳橙蜂蜜橙花果凝），最近還做成磅蛋糕、一人份甜點、遊牧蛋糕（Nomade）、塔。如今，世界庭園已經成了Maison Pierre Hermé Paris中「Fetish」（迷戀）系列的風味組合之一。

總而言之，花朵對我來說就是無窮盡的靈感泉源，更不用說花朵的美：沒有鮮紅的玫瑰花瓣，伊斯法罕就不是伊斯法罕了！

胡椒與美味

我認為在八〇年代為甜點界帶來的新風味當中，辛香料的地位同樣重要。如果有人問我新想法從何而來，我總是回答：「怎麼會沒有新的想法呢？」

馥頌主要是一間食品店，我認為將辛香料帶入品牌的甜點中也是理所當然的事，如此才能在品牌的知識技藝中創造加乘效果。我要再次強調，這不是什麼甜點界的革命創舉，畢竟人們早就在甜點中使用肉桂和香草啦！不過我當年確實引起不小的騷動，因為奇怪的是，大家都把胡椒、小荳蔻、番紅花、薑黃和其他辛香料與鹹味料理做連結，但事實上這些辛香料的香氣並不是依照鹹味或甜味定義的。

到馥頌工作後，我學到許多的優質香料知識。別忘了，當年許多食材以極為平庸甚至不盡理想的形式販售。一般商店貨架上大多是磨成粉的茶葉、品質低劣的橄欖油，還有味道糟糕的粉狀辛香料。不過馥頌辛香料的產地絕佳，經生產者精挑細選且以最利於保存的方式包裝。我就是這樣認識胡椒真正的味道，其根據不同風土而大不相同：印尼沙勞越（Sarawak）的胡椒香氣清新，帶有樹脂氣息；印度馬拉巴爾（Malabar）的胡椒有木質調；柬埔寨貢布（Kampot）的胡椒散發可可氣息與花香；印尼爪哇的長胡椒則在甜美溫暖中帶有一絲辛辣感……

形形色色的香氣大大打開我的視野，給了我各式各樣必須傳達出去的想法。何不來個帶有檸檬香氣的柑橘花椒多層蛋糕呢？或是用爪哇長胡椒為巧克力蛋糕增添木質與肉桂氣息？我將這些想法收集起來，開始製作皇后塔（tarte impératrice），用了草莓、米布丁、薄荷以及現磨的沙勞越胡椒，成品令人驚嘆且出色，和當時世人熟悉的甜點完全不一樣。

第一次成果讓我想要繼續加入辛香料的甜點實驗，椰香芫荽子磅蛋糕就是一例。我也非常著迷於番紅花溫暖濃郁的香氣，讓我發想出蜂蜜番紅花烤布蕾、番紅花肉桂胡椒丁香芫荽子巴伐露，以及一九八九年的「慾望」（Désir）。「慾望」蛋糕讚頌著番紅花和桃子的天作之合，至少我覺得這個組合很顯而易見。我正在考慮再次推出這個風味組合，將結構改成更濃稠的奶霜、對比更鮮明的元素，再加上舒肥烹煮到剛斷生的黃桃。桃子是我很喜歡的水果，與辛香料和花香都能得宜搭配。有一款香水就是最好的例子，那就是傳奇品牌羅莎（Rochas）的「羅莎女士」（Femme），當時在為這家知名品牌工作的好友尚－米歇爾．杜里埃向我描述這香氣完美混合組合。他告訴我：「聽起來可能很怪……桃子、玫瑰和孜然竟能形成完美的三角關係！」

這立刻給了我結合這些味道做成甜塔的點子：甜脆塔皮、玫瑰杏仁奶油、新鮮桃子以及黑莓，並在烘烤前後撒上薑黃糖。在我看來，這項組合就和伊斯法罕一樣不落俗套！

味覺的冒險是永無止盡的循環，一點火花、一個念頭、一個致敬，都會持續不斷地激發出新的探索。非常經典的肉桂，是我們在法國東部甜點中尤其熟悉的辛香料，在胡蘿蔔柳橙馬卡龍中卻可能顯得驚世駭俗。這就再次表明，只要跳脫框架，以不同的方式思考，永遠都能用既有的元素創造出新事物。

好看又好吃

美感絕對是這方面的難題。在我的觀念中，美感絕對不是甜點的配角，因為我認為甜點的外觀一定要讓人垂涎。現在大家可能會以「值得上傳分享」來形容，不過對我來說這是兩碼子事。在職業生涯早期，我就研究過自製甜點的味道與外觀之間的關聯。我總是會在外觀與味道之間努力找出正確的組合，絕對不會為了外觀而犧牲風味，但同時也永遠不忘記這條原則：視覺是感官的一部分，甜點的美一定會挑起食慾。我一直努力不要「裝飾」蛋糕，而是為甜點設計出能夠突顯風味的外觀。當然也有一些反例，而且裝飾還相當重要呢，例如伊斯法罕：玫瑰花瓣呼應甜點中的風味，除了增添一抹詩意，並沒有其他作用……

這種對美的要求促使我進行各式各樣的創新。我在馥頌時因而開發出將雪茄餅麵糰印在蛋糕上的好方法。事實上，這項技術從五〇年代就以極機密的狀態存在，不過我和品牌 Matinox 與創辦人尚．多迪尼亞克（Jean Daudignac）一起打造出可以複製這些裝飾圖案並將其普及化的工具。八〇年代末，以彩色條紋或高爾夫球手之類的小人裝飾的蛋糕非常流行。我為法國大革命兩百週年做了一個多層蛋糕，以紅白藍三色海綿蛋糕、杏仁奶巴伐露和巧克力牛奶凍組合而成。雖然俗氣的要命，至少有濃濃的愛國情懷嘛！那也是包括我在內的少數甜點師開始尋找完美淋面的時候，因為當年是「鏡面」蛋糕的時代，追求光滑閃亮的外觀。

隨著時間過去，我意識到某些人造裝飾，像是醋酸纖維緞帶或裝飾用水果，其實沒什麼必要。為了讓我的甜點與既有造型不那麼相似，我逐漸一點一點地拿掉多餘裝飾：各種人造物、巧克力裝飾和糖飾或塑糖（pastillage）。我試著在造型和口味方面直指核心，似乎和我的創意研究相輔相成。

從那以後，每年都會出現一些創造與改變，讓我們的蛋糕能夠漂漂亮亮，我相信這一定是決定性的因素。但在我們這一行，美觀絕對不能毫無理由，必須要有一致性、有意義、有敘事性。舉個最近的例子，「日本庭園」蛋糕運用的色彩和裝飾都能讓人聯想到盛開的日本櫻花，傾訴我對日本的熱愛與我在日本認識到的所有風味。每一件創作都彌足珍貴，因為其中包含了人生、文化與記憶。

我很早就讓販售點與我的甜點顯得協調一致，這麼做有其道理。在時尚、珠寶和皮件中，這些奢侈品都會放在為每個品牌特別設計的環境中販售。那麼具有時下感的精緻蛋糕為何不能比照辦理呢？我要重申，這一切並不是我一下子就達成的，我花了好多年的時間才終於擁有「理想的」店面。在馥頌，我以發起改革運動的規模打破傳統甜點界的規範，因為我覺得那些規範過時了，甚至很落伍。我從刪減小細節做起，其中一項正是放在蛋糕底部的蕾絲底襯。我對蕾絲底襯異常執著，不計一切都要廢除它，代價是與管理階層長達數年的角力。

我對甜點在店面中的陳列也有自己的想法。我深信如果甜點不是堆疊在多層櫥窗，而是單層陳列，展示效果一定會更好。為了做到這一點，我經歷許多困難。如果沒記錯，我在馥頌時並沒有成功，多年後才在香榭麗舍大道上的馬卡龍名店拉杜蕾（Ladurée）成功辦到。這個結果也是經過一場苦戰才達到的！拉杜蕾的老闆法蘭西斯．奧爾德（Francis Holder）想到的是奧地利維也納甜點店德梅爾（Demel）的形式：這家店極為傳統，而且蛋糕實在太多了。不過我沒有讓步，堅持要把我的蛋糕放在單一平面上展示。

「我父親絕不會接受的。」拉杜蕾的董事長大衛．奧爾德（David Holder）對我說。

「那好，你和你爸自己看著辦吧。」我回嘴。

幾個月後，我在單一平面擺上蛋糕。我對店內的服務也有很多想法。人們在沒有充分瞭解的情況下就販售產品，對我來說簡直無法想像。於是我很早就開始教育店員，向他們解釋這些甜點的來龍去脈，當然也要讓他們品嚐。他們必須先瞭解原料、產地和甜點的正確成分，才有辦法與顧客討論，並強調作品的創意。這是我很重視的觀念，也能為他們的職業賦予意義。從創立 Maison Pierre Hermé 開始我就不斷落實這個概念，我們花費大量時間和金錢培訓銷售人員，因為他們就是根本。每一位新進店員都有一段適應期，這段期間會有一名經驗豐富的搭擋。不只如此，推出所有新系列時，我們都會召集團隊，向他們詳細介紹每一款產品。此外，我們針對每一款甜點製作描述表單，在我仔細檢查後才會發給所有團隊成員。我已經寫了無數張表單啦！這份文件是產品的身分證：包含蛋糕（或是巧克力、冰淇淋等）的照片，詳細列出食材、結構、口感、風味架構、包裝、潛在過敏原、推薦搭配的飲品等。這份文件鉅細靡遺且富教育性，對持續培育團隊也很有幫助。

接下來說說購物體驗的完美句點：蛋糕盒。在馥頌、接著到拉杜蕾工作時，我沒辦法將甜點包裝修改到我想要的地步。在我看來，為了讓奢華感更加完美，提供精美實用又具識別度的包裝非常重要。從成立品牌以來，我在這方面花費許多心思。經過數年研究，我們在二〇〇一年開發出優雅又有辨識度的盒子和提袋，沿用至今。這些重要的「細節」需要大量投資與持續反思。為了擔起更多環保責任，目前我們正在研發可回收的包裝，並淘汰塑膠包裝。這當然不容易，不過至少我們正在前進！

櫻桃與轉折

話題回到馥頌，時間就這樣幾個月幾年地飛快過去，光是緊湊的工作就讓我分身乏術。即便如此，一九八八年，我絲毫不怕讓自己忙上加忙，報名參加「法國最佳工藝師」（ＭＯＦ）的預備課程。ＭＯＦ有點像甜點專業的聖母峰，我很欽佩那些登上巔峰的職人，因為那得付出驚人的努力。不過我很快就意識那並不適合我，原因很好笑：單純是我的程度不足。我覺得自己只有在單純的技術與甜點層面達到水準，但是藝術層面卻和我的日常工作相去甚遠。我必須花好幾個月鍛鍊，然而我在馥頌工作，無法兼顧兩者，於是我打消摘下ＭＯＦ的念頭，再也沒去想這回事。達文西曾說：「跟著星星走的人是不會回頭的。」

這並沒有阻止我，反而讓我對甜點的藝術面產生更濃厚的興趣。如同我前面說的，我不斷追求讓甜點顯得更漂亮。但是八〇年代初期，想要「跳脫」強硬的甜點並結合其他領域的渴望開始在我內心蠢蠢欲動著。我想那是從某次與當時的合作對象、現在已經是好友的文森．布爾丹（Vincent Bourdin）的談話中萌生的，他現在在法芙娜工作。我不斷琢磨如何才能賦予甜點新氣象，讓它們精彩邁入二十一世紀。在與文森的討論中，我們浮現一個瘋狂的想法：請設計師設計甜點。那幾年菲利普．史塔克（Philippe Starck）正是設計與建築界的新星。

「我要打電話給他！」我宣布。

「你真的認為他會對甜點有興趣嗎？」文森質疑。

「等下就知道了。」我回嘴，然後開開心心地打電話給菲利普．史塔克。他專心和善地聽我解釋，然後邀請我到位於巴士底的工作室。一切仍歷歷在目呢。

「我叫皮耶．艾曼，是甜點主廚。我想請您設計一件以巧克力製作的雕塑，必須跳脫所有甜點師的想像。我們會在阿爾薩斯的料理展呈現這件作品。」

「還有呢？」他問我。「作品必須能象徵高級美食，體積要大，讓我們在公開展示時能夠引起軒然大波。」

菲利普．史塔克顯然胸有成竹，我想他和我一樣熱愛挑戰。不久後，他送來一張非常精美的設計稿，上面是一隻巨大的手，指尖是藍色的。以立體方式重現這個作品並不容易，尤其是我和包括亞尼克．勒佛（Yannick Lefort）與米凱耶．阿祖茲（Mikaël Azouz）在內的幾位甜點師必須現場組裝，碎裂與融化的巧克力片讓我們吃足苦頭。作品幾乎有三公尺高！繁複的操作換來的結果差強人意：製作過程中，設計圖的本質喪失殆盡，我也不認為我們敢讓菲利普．史塔克看完成品。一切彷彿是冥冥之中的安排，我們沒有留下任何關於這件雕塑的痕跡。想必我一定覺得沒有找到讓甜點貼近設計的正確方法吧。在我看來，那不過是一次徒勞的「嘗試」。

這次經驗非但沒有令我氣餒，反而讓我開始思考。因為如果我的工作本質是手工藝，那麼甜點創作當然具有藝術層次。

然而我對藝術和設計一無所知。除了小時候和父母參觀過的幾間美術館，在這方面我毫無造詣。我是以非常個人並且具體的方式培養這方面的內涵的。我搬進位在布洛涅－比揚古（Boulogne-Billancourt）Bellevue 路上第一間真正的公寓時，父母把他們用不到的舊家具給了我。但是我在屋裡卻感到不對勁，我想要有現代感的家具，符合我的時代和年齡。於是我開始對翻閱雜誌與造訪藝廊產生興趣。我把薪水花在 Eames 牌的老椅子和史塔克的燈上：我非常喜歡那盞沒有底座、以燈罩固定在牆上的燈。史塔克將其命名為「大地突然震動」（Soudain le sol trembla）。我買下這盞燈送給自己，對當時的我而言簡直太瘋狂了，我現在仍留著這座燈。我也很著迷埃托雷・索特薩斯（Ettore Sottsass）的設計作品，像是極具代表性的 Casablanca 書櫃。

這些設計師的天賦才華令我目眩神迷，因此我透過閱讀不斷挖掘設計。令我印象最深刻的無疑是雷蒙・洛維（Raymond Loewy）的自傳《醜設計賣不掉》（*La Laideur se Vend Mal*，多棒的書名啊！），雖然出版於一九五三年，內容卻十分現代。這名法裔美籍工業設計師的作品多不勝數，其中最有名的就是在一九五四年重新設計可口可樂的瓶身，造型至今沒有改變。我對他的設計欽佩不已，經濟能力許可時，我便買下洛維設計的五斗櫃和鑄鐵鍋。他的理念立刻烙印在我的腦海：任何物品，無論是什麼，都必須賞心悅目才能賣得好。實在找不到任何話能更精準地表達我對甜點的期望了。

當時多虧菲利普・康帝辛尼，我認識了菲德烈珂・E・格拉瑟（Frederick E. Grasser），後來成為我第二任妻子。我邀請這名才華洋溢的年輕同行參觀我在馥頌的廚房。菲德烈珂在Lagadère集團工作，為《娛樂報》（*Le Journal du Show Business*）出售廣告版面，是康帝辛尼的朋友。她對料理充滿熱情，與亞蘭・杜卡斯（Alain Ducasse）也很親近，早在杜卡斯的飛機事故前就在瑞昂鎮（Juan，位於蔚藍海岸地區的瑞昂萊潘）認識他，也是意外隔年後少數到醫院探望他的友人之一。

總之，單純出於對美食的好奇，她要求和菲利普・康帝辛尼一起到馥頌見見我。我記得讓他們試吃那款令我自豪卻不甚滿意的「仙境」。當天晚上，菲德烈珂邀我到劇場看舞台劇，她幫忙那齣戲管理道具。邀請對象是我與當時的妻子克麗絲汀，不過妻子晚上要工作。由於聚少離多，當時我們的婚姻關係相當緊繃。因此我獨自赴約。即使菲德烈珂大了我十八歲，我仍非常喜歡她，因為我們有太多共同興趣了：料理、甜點、設計、藝術……不久後，她邀請我到她家晚餐。那天晚上的甜點，她準備了香草冰淇淋，搭配波爾多傑出主廚尚－馬力・阿瑪（Jean-Marie Amat）的配方製作的可麗露（食譜請見第104頁）。我想，那些可麗露就是我們愛情的基石吧，十三年來，我們的愛情都圍繞著彼此對料理文化與農產品的熱愛。我們的體重各增加了十四公斤，真是甜蜜的代價啊！

然而當時的情況並非如此。

我在婚姻方面的經歷並不理想，畢竟我結過四次婚。不過基於我很討厭外遇和雙面人生的想法，克麗絲汀和我冷靜誠實地分手。我們辦了離婚，然後我娶了菲德烈珂，因為我戀愛的時候就會結婚！因此，一九九二年我正在推敲一款蛋糕的設計概念時，新伴侶菲德烈珂幫我牽線，將相熟的蘇格蘭裔平面設計師楊．佩諾斯（Yan Pennor's）介紹給我。

我請這位先生幫我設計蛋糕時，感覺自己像是在汙辱他，因為我的訴求對他來說似乎很荒謬。那些要求確實有點不切實際。

我先是告訴他：「我想要造型簡單又壯觀的巧克力蛋糕，卻不是身為甜點師的我可以發明的造型。」最後補上一句：「總之，我不希望那是一件物品。它必須是個蛋糕。」

他的臉上寫滿困惑。

在這番雞同鴨講後，我們從最有把握的部分著手。無論如何，我們還是見了第二次面，這次我帶了一個圓形的蛋糕，楊則帶來一個三角形模具的原型。我們必須將圓形放進三角形，也就是要化圓為三角。最後我想出將蛋糕切成六等份，並決定將它們疊起來放入模具。蛋糕被放進三角模具了，分毫不差。我突然有個點子：把巨大高聳的切片蛋糕做成一個完整的蛋糕！

接著楊重新設計蛋糕的結構，畫出完美俐落、簡直符合空氣動力學的線條。他在線條流暢優雅的表面上畫了五道金線，突顯細膩精準的稜線並標出下刀切片處，然後在蛋糕上加了一顆鮮紅色的半球體。我目不轉睛地盯著原型發出驚嘆：「真是蛋糕上的櫻桃！」[8]

楊想要將這款甜點命名為「奶油與賣奶油的錢」[9]，說真的我已經忘記為什麼了，不過當場我們就改了名字。為了做出蛋糕上的那顆櫻桃，我採用雷諾特製作糖果的概念：酒漬酸櫻桃裹上翻糖與杏仁膏，然後浸入鮮紅色的熬煮糖漿。

口味方面，我希望這款蛋糕人見人愛，因此想將皮耶蒙榛果和法芙娜剛推出的香濃美味的吉瓦那（Jivana）牛奶巧克力結合起來，如此就能達成。我原先將這款蛋糕設計成每一層都展現不同的質地變化：層層疊起的牛奶巧克力薄片、榛果達克瓦茲（dacquoise aux noisettes）、脆片帕林內、甘納許、巧克力香緹鮮奶油。既然已經有想法，就剩下實踐了。這又是另一個難題，因為製作這樣的蛋糕是技術上的一大挑戰。

首先必須開發模具。我用傳統的熱成形法製作出來，可是效果不好。一九九三年的記者會上，所有的蛋糕底部都是碎的，那段時間真是太難熬了！由於壓力太大，一看到尚－皮耶．柯夫（Jean-Pierre Coffe）之類的記者走近，我就立刻手忙腳亂，想要悄悄轉動蛋糕。後來我們開發出有人造石膏外殼的柔軟矽膠模。總之，為了「蛋糕上的櫻桃」，我們真是傷透腦筋啦！

從各個角度來看，這都是相當冒險的賭注：充滿技術挑戰的模具、製作擁有多種質地的蛋糕、精心設計的專屬包裝（以一條緞帶串起三個側面的三角形紙盒），成本都非常昂貴，因此售價很高，不過我們的供應商全力支持我們。

但是在馥頌就不是那麼回事了。我把創作拿給行銷總監看時，他對我說：「你腦袋有問題嗎？管理高層絕對不會通過的！」

我還是拿給店主瑪婷・佩雷瑪看了，她鄙夷地打量猶如犯罪物證的蛋糕，毫不留情地說：「真是不倫不類！」

已經做到這一步，沒道理徒勞而返。我沒有亂了方寸，而是建議她將蛋糕放在櫥窗，觀察顧客的反應。她顯然非常不悅，但最終在我的堅持不懈下不情願地同意了，並拋下一句：「反正你想怎樣就怎樣吧！」

幾天後，這個甜點店中的不明物體登上瑪德蓮廣場的櫥窗。我毫不掩飾喜悅，在店裡觀察櫥窗前駐足的顧客。楊・佩諾斯設計的獨特外型令人難以抗拒，實在太引人注目了，許多人進入店裡品嚐後便買了單。這款蛋糕的外觀、風味與多種口感組合引起轟動，立刻大受歡迎，同時間還引起許多媒體討論，因此也談及我的工作。這根本是中了頭獎！那時我知名度大漲，以

8　譯注：原文 la cerise sur le gâteau 意為「錦上添花」，不過這款蛋糕的造型確實很符合字面上的意思，故直譯。
9　譯注：原文 le beurre et l'argent du beurre 意為「魚與熊掌」，此處應對話情境作直譯。

至於開始引起馥頌的不滿。

「大家開口閉口都是皮耶・艾曼，對馥頌的討論卻不夠多！」店主責怪我，但同時又很高興看到我們的甜點熱賣。

「蛋糕上的櫻桃」的出現可謂我職業生涯的重大時刻。首先，因為作品的構成方式很創新，從甜點的觀點來看也確實合情合理。如今我們仍在販售這款蛋糕就是最好的證明，而且從一九九三年就沒有做過任何更動，只是現在使用的牛奶巧克力苦味更濃一些。再者，這款蛋糕也打開了大膽特殊技術的道路。馬克・吐溫曾說：「他們不知道那是不可能的，因此他們做到了」，這句話可說是「蛋糕上的櫻桃」冒險的寫照！最後，因為這是首度真正的藝術合作，令我得以說明甜點的新方向是可行的，也讓我窺見美好的前景。

我很高興自己的工作能夠引起人們的興趣。並不是因為我被寫進報章雜誌，畢竟成名從來不是我的目的，而是因為開始受到認可，將使我以藝術的角度觀看新事物，像是出版我的第一本書《美味的祕密》（*Secrets Gourmands*）。一九九三年時，我已經在馥頌工作七年，開始覺得有必要將我的創作集結成書。高層一點也不樂見其成，不過當然啦，這並沒有阻止到我。

之前有一段時間，我曾和朋友亞尼克・勒佛成立一間小公司，以自僱者身分工作收費，主要提供諮詢。既然如此，何不自己出版這本書呢？我召集一個團隊：出色的撰稿人瑪麗安・柯摩利（Marianna Comollo），她剛寫了亞蘭・杜卡斯的《蔚藍海岸》（*La Riviera*），甫問世即成為參考大作；出色的美食攝影師尚－路易・布洛克－雷內（Jean-Louis Bloch-Lainé）；楊・佩諾斯則擔任藝術總監。佩諾斯與夏爾勒・茲納堤（Charles Znaty）有往來（後來我和茲納堤合作了很長一段時間），出版社 Larousse 就是他們的客戶之一。我承諾預購五千本並贊助製作，Larousse 便同意發行了。

剩下的就是要做出這本書。我們在馥頌的地窖裡進行。由於我的日常工作需要隨時在場，不該因為製作這本書而被耽擱。結果，工作不僅沒受到影響，製作這本書教給我的創作過程反而令我處理甜點美感的方式更豐富，即使與前一次和楊・佩諾斯的合作方法截然不同。這次由於有優秀專業人士的建議，我學會以更挑剔的眼光與攝影角度看待甜點，令我想把蛋糕做得更美。每當瑪麗安與尚－路易告訴我：「這個不能拍」時，我就會重新檢視蛋糕。

這次經驗帶給我全新的觀點，可以說是甜點藝術總監的觀點，也是我日復一日懷抱熱情在 Maison Pierre Hermé Paris 內部進行的「職務」。我密切注意與風格和視覺有關的拍攝細節，我們會為一整年的型錄、媒體新聞稿、社群網站或所有代表品牌的圖像安排無數攝影行程。這不僅是出於樂趣，更是因為這是高級甜點品牌中的重要環節。一如所有其他領域，這方面我也絕不心存僥倖。

菲德烈珂・E・格拉瑟・艾曼的可麗露

可製作26個可麗露
製作時間20分鐘
烘烤時間 1 小時
靜置時間12小時

食材：

可麗露麵糊

全脂鮮乳 1 公升
馬達加斯加香草莢 3 根
麵粉200公克
糖粉500公克
蛋黃 4 個
全蛋 3 大顆
無鹽奶油100公克
陳年褐色農業型蘭姆酒100毫升

烘烤用

澄清奶油100公克

步驟：

1. 提前一天製作可麗露麵糊：麵粉和糖粉過篩→桌上型攪拌機裝攪拌球，以低速混合（以免麵糊表面形成氣泡）並加入蛋黃和全蛋，持續攪拌5分鐘；同時間，牛奶和縱剖刮出籽的香草莢放入鍋中煮至沸騰，然後加入切小塊的奶油→牛奶倒入麵粉蛋糖糊並加入蘭姆酒，快速混合→將麵糊放入調理盆，冷藏靜置至少12小時
2. 隔天，旋風烤箱預熱至230℃，並放入一個烤盤當作烤箱底部→銅製可麗露模以刷子塗奶油防沾，放在烤盤上→倒入麵糊至距離邊緣0.5公分滿
3. 送入烤箱烘烤10分鐘後，烤箱溫度調降至170℃繼續烘烤約50分鐘，直到可麗露呈深褐色→取出烤箱後立刻脫模，靜置冷卻→出爐後3至6小時，待可麗露充分冷卻並保留香脆外皮，即可享用

PIERRE HERMÉ

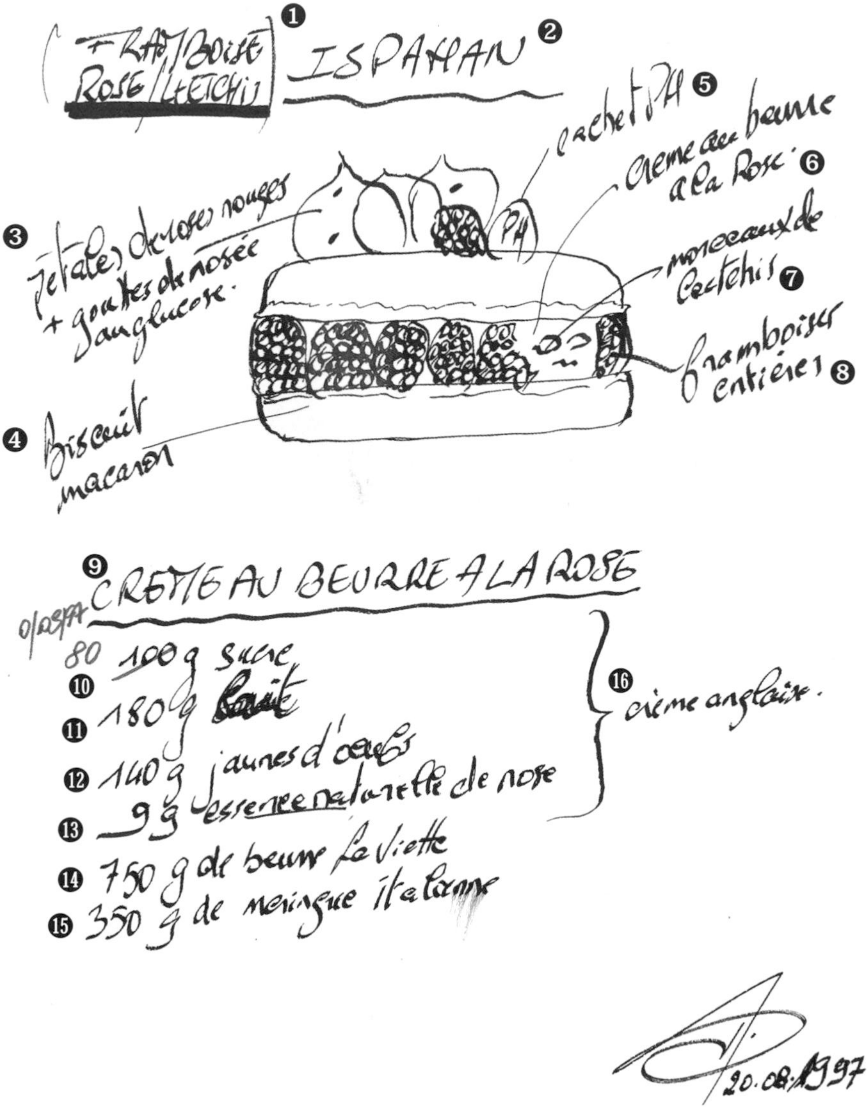

❶ 覆盆子 / 玫瑰 / 荔枝
❷ 伊斯法罕
❸ 香氣果糖露珠
❹ 馬卡龍餅
❺ PH 插卡
❻ 玫瑰奶油霜
❼ 荔枝果肉
❽ 完整覆盆子
❾ 玫瑰奶油霜
❿ 80 公克糖
⓫ 180 公克牛奶
⓬ 140 公克蛋黃
⓭ 9 公克天然玫瑰香精
⓮ 750 公克 La Viette 奶油
⓯ 350 公克義式蛋白霜
⓰ 英式蛋奶醬

5 抱負

可頌與挫折

第一本書《美味的祕密》（*Secrets gourmands*）大受歡迎，而且以多國語言再版多次。隨後我和這名我很喜歡的責任編輯推出其他企劃，包括《大師糕點》（*Larousse des desserts*）、《巧克力全書》（*Larousse du Chocolat*）……

當時正值九〇年代，馥頌的一切都很順利。我和夏爾勒．茲納堤合作，成立了 SoCrePa（Société de création pâtissière，甜點創作公司）。前廣告公司員工米歇爾．費東（Michel Ferton）成為第三個夥伴，主要負責這家小公司的財務。

一九九六年，法蘭西斯．奧爾德向我提到他剛剛買下的拉杜蕾。當時我已經為他擁有的品牌 Paul 提供一段時間的顧問服務，該店坐落在巴黎八區的 Royale 街上，歷史悠久，店面不大但名氣響亮。

奧爾德很欣賞拉杜蕾的品質與特有的美學，打算要發展品牌，要我和他一起做。

這番事業相當誘人，而且我不是以員工的身分加入品牌，因為我已經和拉杜蕾談妥，透過我的公司 SoCrePa 向其提供收費服務。

一九九六年十二月三十一日，我離開馥頌，於一九九七年一月二日開始在拉杜蕾工作。當時我並不知道，接下來二十個月完成的事竟會和四年一樣多！

奧爾德從德方丹（Desfontaines）家族手中買下拉杜蕾甜點店，幾名家族成員留在品牌。其中有一對兄妹，還有一名女性表親，我和他們還算相處融洽，因為就像在馥頌，我必須仰賴品牌歷史，才能更明確地計畫品牌的未來樣貌。德方丹家族的人卻對我提出的問題表示不滿，因此我非常小心地進行：我不是要抹煞過去，而是要在不扭曲拉杜蕾傳統的前提下注入新元素。這點相當棘手，因為我們的希望不大。事實上，公司內部並沒有任何已建立的流程，配方由於口耳相傳，因此也並非白紙黑字般確鑿，根本沒有建立明確的品牌基礎。甚至光是拉杜蕾的品牌名和標誌，就有十種寫法！

我又不得不盡全力達成這項刺激又棘手的任務，包括在保留原始精神的同時發展一間歷史超過百年的公司、計算過去只憑直覺完成的成本、制定可靠有條理的技藝和知識以期思考未來發展的可能性，這表示要製作上百張、甚至上千張數據報表。

我們按照奧爾德的計畫走，以下是已經在進行中的部分：我們計畫八個月後在香榭麗舍大道上開設拉杜蕾餐廳甜點茶沙龍。這代表原本四十人的團隊要變成一支一百八十名員工的軍隊，全力招募、監督各項工作、讓供應的甜點煥然一新之餘也要創作新的鹹料理，再加上幾百件要做的事，同時還要重新檢視無法應付這番擴張規模的生產模式。因為除了香榭麗舍大道上的店面，還有另外兩間茶沙龍正在規劃中，分別位於巴黎九區的春天百貨（Printemps）和十六區法蘭克父子百貨（Franck & fils）。

我帶著三名強而有力的超級副手負責甜食區，他們分別是菲利普・安德里厄（Philippe Andrieu）、理查・勒杜（Richard Ledu）、柯蕾特・佩特蒙（Colette Pétremant）。

不久後，料理主廚帕特里斯・哈迪（Patrice Hardy）加入行列負責鹹食。這是我第一次管理鹹餐點廚房，不過對我來說並不陌生。其實我一直對鹹食廚房很感興趣，對餐廳也很熱衷，尤其偏愛高級料理。我不斷與主廚好友們交流，又和廚藝高超的菲德烈珂一起生活，共享她對食材永不滿足的好奇心。此外，由於過去常在雷諾特的熟食部加班，我的料理基本技巧也相當熟練。總之，我很清楚自己要什麼。

我必須保留部分拉杜蕾的經典，像是俱樂部三明治、歐姆蛋……我想加入以麵糰為主的糕點料理，例如皇后一口酥、佩茲納肉派（pâté de Péznas）或是酥皮肉派。我還打算結合令人意想不到的食材，連結起料理和甜點，像是蘆筍和開心果、檸檬醃生魚和覆盆子等。我的問題不是想不出點子，而是該如何不要事必躬親。為了精準達到想要的效果，我花太多時間待在廚房，大概是想把甜點的嚴格標準套用在鹹食上。任何瞭解這兩個行業的人都會說，甜點和鹹食很不一樣。氣氛因此很緊繃，而且激怒了帕特里斯・哈迪。幸好在為拉杜蕾注入新氣象這點上，我們至少還有共識。

我對每一個人不斷重複：在各個層面上都要進步，用不同的方式做事。然而從基層到管理階層的阻力都很大，為了推動改革，我簡直耗盡心力。

進入拉杜蕾後，我首先做的就是修改可頌配方，因為我覺得口感太軟綿、層次不夠多。我根本什麼都還沒做呢！結果不僅引起內部革命，顧客也表示抗議，紛紛打電話抱怨。

「艾曼先生，這是今早某位女士第六次打電話抱怨新的可頌了。她說真是糟糕透頂。我們該如何是好？」德方丹家族的人不懷好意地問我。

「跟她說，從今以後她可以在拉杜蕾可頌和真正道地的可頌之間做選擇！」我如此回答好讓他們閉嘴。

我們因而開始製作兩種可頌。反正我已經不在乎了。因為如果拉杜蕾的蛋糕很好吃，他們真該好好評估一下。說實話，整個品牌上下都該檢討。我們大幅改變甜點的品項。我刪掉感覺過時的蛋糕，其他甜點則是經過改造，加入了許多新奇的東西，都是來自過去那些年的研究和創作，包括「甜蜜的愉悅」（Plaisir Sucré，「蛋糕上的櫻桃」的直系後代）、帕林內千層、「蒙特貝羅」（Montebello，草莓和開心果）、「丘奧」（Chuao，巧克力黑醋栗）。部分甜點至今仍在拉杜蕾販售，當時創作的伊斯法罕就是一例，是關於馬卡龍研究的一部分。

馬卡龍與創新

這種一口就吃完的精緻小甜點，我從學徒時期就知道了。雷諾特的甜點主廚將他們的方法教給我，順帶一提，真是繁複至極！我在馥頌時就已開始研發馬卡龍的新口味以跳脫框架：當時推出玫瑰、開心果、檸檬、焦糖等口味，然後才製作青檸羅勒或巧克力焦糖等複合口味。在《美麗佳人》（*Marie-Claire*）雜誌中讀到「全巴黎最好吃的馬卡龍」時，我開心極了。這個意見顯然很主觀，因為那個年代，許多優質甜點店如 Carette 或 Peltier 都會推出自家的馬卡龍，而且一個比一個受歡迎。儘管如此，我在一九九二年還是萌生了成立馬卡龍專賣店 La Maison du macaron 的念頭，甚至註冊了名字，不過這項計畫最終沒有實現。

來到拉杜蕾時，我知道自己有責任為馬卡龍的歷史寫下新的篇章，因為拉杜蕾將馬卡龍作為品牌的主要特色。於是我帶著熱情接下挑戰，香榭麗舍大道店面的生產區很大，所以我決定讓 Royale 街店面的工坊專門用來製作馬卡龍，如此我就能專注在這項產品上。起初，我們建立數據以精簡生產流程，接著添購旋風烤箱和馬卡龍餅擠花機。節省下來的時間就能用來研究：

苦甜巧克力、栗子、椰子等新口味。當然，也少不了玫瑰。

伊斯法罕，新經典的誕生

一九九七年，由於我生性固執，那股玫瑰味仍讓我心癢難耐。但是之前創作的「仙境」不再能滿足我，我發現以巴伐露為基底的甜點已經過時。我還是很喜歡玫瑰覆盆子的風味組合，不過想要口感更豐富的東西。那時候我正在深入研究馬卡龍，心想，何不做一款以馬卡龍為主角的甜點呢？這種「混合體」最適合重振拉杜蕾甜點店與馬卡龍專家的聲譽了！

某次在阿爾薩斯品嚐上乘的格烏茲塔明內葡萄酒時，我體會到某種感官發現。啜飲這支芳香的葡萄酒，聞到令我想起玫瑰香氣的荔枝氣息，解決之道就此浮現：可以說，荔枝就是通往仙境的關鍵！

回到巴黎後，我做了一些嘗試。首先必須找到優質的荔枝。新鮮荔枝的口感、熟度和味道良莠不齊，冷凍荔枝又會流失過多水分，風味也同樣參差不齊。那就只剩下罐頭荔枝了，然而我還拿不定主意。我嚐了數十種罐頭荔枝，某天終於找到合適的品牌，熟度和品質都很理想，讓我們可以放心使用。我們也在奶霜方面下了一番工夫，那個年代慕斯當道，不太確定顧客對奶油霜是否買帳，於是我動了點手腳，盡可能攪打至奶油霜的油膩感消失，呈現輕盈的質地。最後是抓出玫瑰、覆盆子、荔枝這三種味道的正確分量。

我品嚐第一批試作品時，覺得荔枝的熱帶水果風味帶來美妙飽滿的滋味，馬卡龍餅則賦予整體架構。我心想自己做出好成績了。總之，完成的時候，沒有比這更好的了！如果好吃，那就是最好的配方！

伊斯法罕就此誕生。我總是會不厭其煩地表示，這款馬卡龍甜點的風味與名字的誕生，一部分要歸功於阿爾薩斯的釀酒葡萄品種……

由於新的生產方式可以製作擺滿櫥窗的大量馬卡龍，我們決定以帶有現代色彩的這項產品為中心，強調拉杜蕾的品牌行銷。從巴黎到東京，馬卡龍大受媒體歡迎，鼓勵我們繼續往這個方向前進。日復一日，我不斷改良配方和技術，並供應新口味。馬卡龍成為我大顯身手的絕佳領域，讓我展現前所未有的奔放創意。對媒體而言，我現在儼然成為「馬卡龍先生」了。

問題是，這越來越不符合我在拉杜蕾的工作。一如之前在馥頌的情況，必須在不改變品牌特色的前提下為品牌歷史注入生命力。然而我的工作與行事方式越來越反映出我的個人標準，也並不打算罷手。機會降臨時，我會竭盡所能地不要錯過，尤其是接著來的機會離巴黎非常遙遠，不會掩蓋拉杜蕾的光環。反正我也不是拉杜蕾的員工，真的沒差。

幾個月前，我在東京新大谷飯店做了甜點展示，深受好評。我與飯店人員保持聯繫，接受了在飯店裡開設一個小店面的提議，於一九九八年八月開幕。那是第一間以我名字命名的店。

不過即使遠在距離巴黎一萬公里外，拉杜蕾還是無法忍受，硬生生地終止我們的商務合約。然而這只是加快我越發強烈的渴望和需求：從頭開始打造一個像我的品牌。當時的我三十五歲，是時候了。

第二篇

開花結果

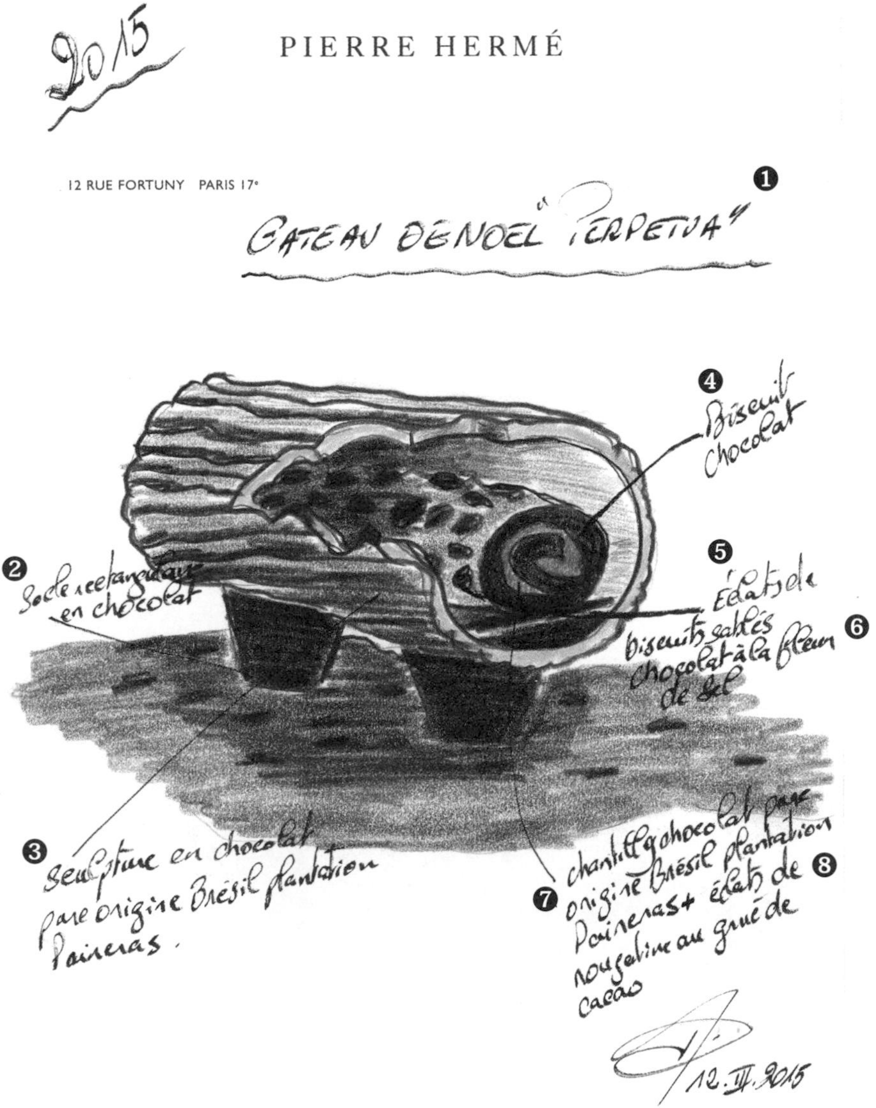

❶ 聖誕蛋糕「不朽」
❷ 矩形巧克力底座
❸ 巴西單一產區派內拉斯巧克力雕塑
❹ 巧克力海綿蛋糕
❺ 沙布列碎片
❻ 鹽之花巧克力
❼ 巴西單一產區派內拉斯巧克力香緹鮮奶油
❽ 可可碎粒奴軋汀

6 創造

修女泡芙與差異化

一九九四年，*Vogue* 雜誌美國版美食記者傑佛瑞・史坦嘉頓（Jeffrey Steingarten）在某篇文章中形容我是「甜點界的畢卡索」。起初我覺得這句話不太恰當，後來我把這個形容當成鼓勵。並沒有沉浸在這番把我捧上天的比喻，反而再次致電史坦嘉頓，試圖弄清楚他在文章中的意思。

他向我解釋，他想透過這些文字說明我作品的創造力，以及在作品中展現的多元風格。若從這個角度來看，比喻就說得通了。所以我最後在品牌的新聞稿中沿用他的字句。畢竟我絕對想不出更好的廣告標語……

這件事之後，我就經常被問是否以藝術家自許。會這樣問也是很合理的。我總是回答，我是工匠，因為我的工作仰賴技術、知識、技藝，讓我們每天都能親手做出甜點。

但是我並不否認對甜點的概念具有藝術層面。我一直在追求全新的口味與風味組合，總是先畫出甜點的草稿，可以花費好幾個小時、好幾天雕琢架構，有時甚至可以花上好幾個月。我希望甜點的外觀能夠讓味道更好，反之亦然。我會推出季節系列，在精緻的店面中陳列展示等。可以這麼說，「創造」就是我這個工作的意義。

在 Larousse 出版的字典裡，對「創造」（création）一詞的定義中，有一條讓我特別有感覺：「建立、創建尚未存在的事物之行為」。

由於學徒經歷，我原本可以成為優秀的甜點師傅。每天製作最美味的修女泡芙一定會很受歡迎吧！但那並不是我的想法。修女泡芙從一八五六年就存在了，根本不需要我。不過話說回來，或許我能為甜點這一行帶來其他東西？我想去別的地方，讓我的工作能反映我的渴望。賈伯斯（Steve Jobs）的名言「不同凡想」（Think Different）始終如霓虹燈般在我腦海中閃動。回顧這些年，我發現自己自始至終都在培養差異化。這就是我的品牌特色。我和主廚們試吃新甜點時，如果甜點的個性不夠鮮明，或是有點像既有的產品，我們就會彼此對看，然後說：「這不是我們家的口味！」接著便放下繼續前進。這是所有創作者的本性：確立風格後，日復一日地形塑它。我在這方面另闢蹊徑，也就是我自己的路。

如今，輪到賽德列克．葛洛雷、阿莫里．葛瑞雄（Amaury Guichon）、馬克西姆．菲德瑞克（Maxime Frédéric）與眾多才華洋溢的年輕甜點師開拓新方向了：葛洛雷做的仿真水果甜點巧奪天工，葛瑞雄的巧克力雕塑精巧無比，菲德瑞克的甜點口感質地美妙驚奇。他們的風格如此鮮明，一眼就能認出，這證明還有許多可以發明的事物。創造沒有極限……

疑慮與鳳梨

……除非畫地自限，那就必須學會克服。我花了一些時間才相信自己、傾聽自己、處理內心的疑慮。疑慮是很重要的，能夠鞭策、刺激自己。不過有時疑慮反而令人裹足不前。我觀照反思、文化和時間，來避免這種阻礙並持續前進。我會檢視造成問題的每一個點、追溯至食材的來源，回想使用過程並進行許多嘗試，直到終於得出理想的結果。「永不放棄」就是我的座右銘。遇到某些棘手的事情時，我會堅持下去，原因很簡單，因為我覺得那是最有助益的心態。如果我認為某個點子很棒但可以更完美，我會把這個點子先放一邊，幾個月或幾年後再回過頭來處理，並獲得滿意的效果。當然啦，我也有找不到解答的時候。

我們已經提過後來成為「伊斯法罕」的「仙境」，我還可以舉另一個例子，那就是「千里達」（Trinitario）馬卡龍與甜點，是百香果和黑巧克力的組合。我覺得這個口味組合有潛力，可是每每試吃這款馬卡龍，口中總是浮現一股惱人的金屬味。我早也想、晚也想，直到終於找到好主意：必須調整平衡。黑巧克力的強度會和百香果的勁道硬碰硬，我在這激烈的二重奏中引入牛奶巧克力的溫潤香甜，試著緩和滋味。沒錯！這就對啦！「千里達」已死，「莫加多爾」

（Mogador）誕生！不過，幾年後當我想以磅蛋糕的形式詮釋這個風味組合時，仍吃了不少苦頭。

二〇〇五年的首度嘗試無法呈現馬卡龍版本的細膩風格。我心想，一定要懂得放下某些事物，於是暫時將其擱置一旁。也不盡然，因為我還是不時思考這個問題，最後終於找出解決之道……是在七年後！答案就是脫水還原後的百香果汁，用來為麵糊增添香氣並塗刷在磅蛋糕上，再加入小塊牛奶巧克力、鹽之花，最後裹上百香果牛奶巧克力甘納許。事情還沒結束，因為幾年前，我在這款百香果牛奶巧克力為基底的「莫加多爾」甜點中加入了烤鳳梨。成品很棒，於是我也在馬卡龍中加入鳳梨，變成某種莫加多爾二．〇，限量販售。風味的冒險永無止境。而且總是為我帶來驚喜，證明就是：費盡千辛萬苦總算在這個風味組合中找到對的牛奶巧克力，結果我發現要做出好喝的莫加多爾熱巧克力時，竟然要用……黑巧克力！

以上這些都是為了作一個小結：創作中本來就會有質疑。我幾乎總是這麼做。並不是說我天生就愛質疑，而是提出疑問對我來說已經是必要的。我還會重新設計超級俗豔的甜點「舞姬」（Bayadère）嗎？當然不會。那紫蘇野草莓馬卡龍，如果以新鮮草莓為這道配方做成特製果醬，我有可能推出這個口味的聖誕木柴蛋糕嗎？有何不可呢，尤其是這項技巧能夠讓我在其他甜點上更進一步的話。我走得越遠，就會質疑越多。用批判的自我審視看待作品，促使我以不同的方式行事、做決定、篩選、決策，是真正的驅動力。

對話與泡沫

在我的人生中（更確切地說，是我永遠都處在進行式的創作過程中），人與人的相遇占有重要分量。若相遇產生強大的交流，就會成為我的養分，拓展我的視野。九〇年代末時，我有幸與主廚費蘭・阿德里亞（Ferran Adrià）建立深厚友誼。阿德里亞是土生土長的加泰隆尼亞人，在伊比薩那兒的餐廳擔任洗碗工後便對料理產生興趣，隨後才接受正式的高級料理訓練。一九八七年，他成為位於西班牙吉羅納省（Gérone）羅薩斯（Roses）的「鬥牛犬」（elBulli）餐廳的行政主廚。這間餐廳從六〇年代就已經存在，之所以這麼命名，是因為前任屋主為了紀念他們的法國鬥牛犬（加泰隆尼亞語為bulli）而在門口設置了雕像。不過隨著費蘭的到來，一切都將改變。在弟弟阿柏特（Albert）和夥伴胡利・索雷（Juli Soler）的協力下，他讓「鬥牛犬」搖身一變成為極具顛覆性的餐廳，二〇〇二到二〇〇九年間，曾五度名列世界五十大最佳餐廳。在二〇一一年宣布退出比賽並歇業之前，這十年間的其他年則位居第二或第三。

第一次到他的餐廳吃飯，是在一九九七年，那些連番上陣的一口小點質地奇特、味道出人意料，讓我的腦袋一片空白：松針海藻蛋黃湯、百香果「帕瑪乳酪」寶石、戈貢左拉晶球、南瓜油焦糖，族繁不及備載。我承認一度心想：「到底什麼時候才吃飯啊？」菜單看起來與其說是「真正的正餐」，更像品嚐菜單。不過我很快就明白，這帶領我們超越正餐的概念，讓我們經歷前所未有的體驗，這個理念正是費蘭才華過人之處。

有些人形容他是「分子」料理大師，費蘭的廚藝高超，著迷於不斷超越限制的體驗，這也使他遭受一些在我看來不甚公允的批評。事實上，我前往用餐的次數越多，至少每年一次，越深受費蘭的作品吸引。我看著他的創作以非凡又驚人的方式演變著。

為了解釋靈感的矛盾之處，他總是不厭其煩地重複主廚賈克．馬克西姆的名言：「模仿不是創造」。我們無止境地爭辯這個主題。他在成規與框架外創作的自由深深吸引我，而我有吃懂他料理的能力則讓他很感興趣。他甚至在二〇〇六年於勒阿弗爾（Le Havre）的雜食者美食節（Omnivore Festival）大會上宣稱，我擁有「全世界最敏銳的味蕾」！對他來說這意義重大，因為我總是聽到他說，主廚應該要比廚師更善於品嚐才對。對我而言，這份能力主要來自永不滿足的好奇心，鞭策我不停培養品味的能力。這有時會惹火我的妻子薇樂麗。

「你該不會要吃這個噁心的東西吧！」某趟冰島旅行時，我正準備吃一塊以某種凝乳醃漬的海豹掌時，她這樣對我說。這並沒有阻止我，我當然嚐了這個所謂的怪東西。說真的，味道實在太恐怖了，但我的味覺資料庫中沒有它嘛！我也試了鯨魚肉，不過沒留下什麼深刻印象，也完全不想再體驗一次。

可以確定的是，當我品嚐某種東西時，我會非常專注，努力用精確的文字形容我的感受。費蘭．阿德里亞也是如此，我們因而進行了深刻淋漓的品嚐與對談。光是「泡沫」（espuma）

的意義與質地就能讓我們暢談到深夜，那是他發起的手法，以虹吸氣壓瓶製成，應用在各種食材上。他告訴我：「我想要重新塑造食物的滋味。」然後他繼續以美妙的口音說道：「泡沫就有如此『起妙』（奇妙）的效果。」

他會遞給我一根湯匙或玻璃杯，讓我品嚐優格、焦糖或肥肝泡沫，效果確實非常「起妙」！

他總是讓我待在廚房裡，讓我盲品各種創作。我會努力破解他給我的料理，但並非次次都成功，例如味道像布里歐許的料理，卻和布里歐許毫無共同點。除了具體的料理，我尤其記得他的料理在我內心激起的情感。在探索、洞察新的可能性方面，費蘭從未遇過能力與其相當的人。高級料理的世界在阿德里亞之前和之後是兩個面貌，他的影響力至今仍存在於無數餐廳中。今日，人人都認為製作泡沫再正常不過，然而在「鬥牛犬」之前可不是如此。

費蘭無疑是令我印象最深刻的主廚，因為他為我開啟全新的探索領域。我非常欽羨他的經營方式，在當年絕無僅有：一年中有一半的時問餐廳不營業，他會待在巴賽隆納的工作室裡全心創作。每一份食譜都是他對味道、情感、感知及料理技法的深入省思。他不帶任何成見，重新打造一切。他讓我瞭解到飲品範疇也是創造的領域，幫助我在鹹味與甜味之間搭起橋樑，沒有孰高孰低的階級之分。他以驚人的高超技藝，在甜食中使用一般以鹹食著稱的食材，反之亦然。我一直很欣賞這一點，也已經在我的創作中以辛香料嘗試模糊界線，然而費蘭的例子讓我在這方面更進一步。當然我並沒有模仿他，而是以他在我心中激起的情感為出發點創作。雖然說「crear es no copiar !」（西語：模仿不是創造！），但在我們這一行，經常會受到某個人使用的小元素啟發，並以不同方式運用。這讓我想起儒勒．何納（Jules Renard）的名言：「當你不再知道某個想法來自何處時，它顯然就是原創的。」創作有時就是一連串事物的結果。

也因為如此，從很久以前在盧卡．卡爾頓（Lucas Carton）餐廳嚐過亞蘭．桑德朗（Alain Senderens）的香草龍蝦後，我就特別鍾情於在魚類料理中使用香草，例如做成生魚肉薄片。我也非常喜歡在屈屈龍（Cucuron）艾列克．薩培（Éric Sapet）自己的餐廳「小屋」（La Petite Maison）中嚐到的香草番茄沙拉（食譜請見第148頁），在科西嘉島過暑假時我常做這道料理。只要記得提前一個月製作香草橄欖油即可，除此之外就沒別的事了，而且還能驚艷四座！在這道簡單的食譜中，我使用普利亞（Pouilles）的橄欖油，帶有香草氣息。感謝我的朋友奧利維耶．博桑（Olivier Baussan）讓我認識這個產區的橄欖油，令我浮現製作香草橄欖油口味馬卡龍的點子，而這給了我橄欖油黑橄欖沙布列的靈感，這款沙布列本身又帶給我占度亞巧克力橄欖油黑橄欖乾糖果的念頭。在我的工作方式中，一切都有其意義，並使我得出一個我很重視的觀念。

意義與櫻花

法語是愛開玩笑的語言，用同一個單字「sens」意指「意義」和「感官」（五感），兩者皆維持我的運作。

我太太常常笑嘻嘻又一臉不可置信地說：「你真的有必要讓每件事情都有意義嗎？」聰慧如薇樂麗，她當然是逗我的，因為她非常清楚我並不是為做事而做事，我向來需要為事物增加額外的重要性。

這是我在馥頌時期，拿到甜點店的鑰匙時萌發的觀念。

意義就是為生命提味的鹽。

沒有意義的事情都會讓我生氣，這是我的本性！如果我在行銷會議上發現有人只是單純地填表單，我真的會暴跳如雷。行銷固然很重要，但唯有仰賴強大的創意，將品牌推向創意、差異化、更加精彩具原創性，這樣的行銷才有意義。

為此，我比過去更在意的，就是提出有意義與內涵的事物，勉勵員工的發展、激發每個人的創造力。

推出二〇二一年的「日本主義」（Japonisme）系列時，不單是為了跟上當年的東京奧運風潮。我表達的是基於對日本的愛，以及這個國家賦予我和教導我的一切。在這個情況下，當然不是在店裡擺三款抹茶甜點就算完事，而是要和我的團隊進行大規模的工作，回溯 Pierre Hermé 品牌和日本之間長達三十年的連結。這牽涉深層的品牌識別。此外，這個系列從概念到販售，我全都和合作對象一同參與，其在進行過程中的代號是「巴黎－東京」。然而，經過一次次會議與試吃，廣義上的藝術一再出現在我們的交流中，於是我最後叫它「日本主義」，名稱來自十九世紀末的繪畫風潮。

在日本，小至外包裝、大至最傑出的作品與枯山水[10]，一切都如此美麗講究、和諧精緻。為了向這種對美的執著致敬，我回想古代或當代和服、與薇樂麗在盛開的櫻花樹下散步，還有我們在直島那兒親眼欣賞草間彌生知名的點點南瓜。驚嘆、香氣、感覺一一浮現，激發風味與設計的靈感。甜塔類（日本柚子、抹茶、野草莓、紫蘇）和甜點「日本庭園」，我們以白巧克力製作了非寫實版的櫻花或李花造型。至於取名為「他鄉」（Dépaysé）的乳酪蛋糕，則以抹茶、以青檸皮絲調味的紅豆、米醋、新鮮薑泥組成。我事先思考過用同心圓排列的點狀糖霜來裝飾乳酪蛋糕。看見第一批試作品時，研發團隊的甜點主廚瑪儂・德魯耶（Manon Derouet）立刻驚叫：「有意思，這讓我想到草間彌生的作品！」

由於她說的太精準，我趕回家拍下這名偉大日本藝術家的南瓜複製品，那是我從直島帶回來的。接著立刻傳照片給甜點模具供應商，請他以這件作品為靈感製作原型。最終成品不僅漂亮美味，也符合我們想透過此系列訴說的故事。

我還可以舉出幾十個類似的例子。這不同於一般人的想法，證明創意並非憑空出現。反之，創意需要養分。總有些事物能讓我發想出新甜點，想法構思無所不在。創造的渴望從未離開我，每天陪伴我，在家裡、辦公室、廚房、市場、旅行……無論我在工作、逛展覽、閱讀散文或小說、看電影，這份渴望每分每秒都變得更加豐富。我很喜歡做所謂的「無用」之事，因為我深信這些事能深度充實我們，總有一天會孕育出黃金。總之，這就是我培養創造力的方式。長久以來，我的創造力一直是直觀的，然而現在我正在有意識地培養它。我經歷的一切都能培養創造力。我的記憶會儲存一切，無論是味覺、視覺、觸覺還是聽覺。在馬拉喀什的庫圖比亞清真寺（Koutoubia）附近欣賞路上的拼貼瓷磚時我拍下照片，因為它的美打動了我。想不到六個月後，這竟激發了我為拉瑪穆尼亞飯店獨家製作的巧克力的圖像設計靈感。

最近，我仔細觀察邁納拉（Ménara）機場外牆上密布的孔洞，發現其網狀結構如此輕盈，未來的某個晴朗早晨，或許將以瓦片餅乾或蛋糕的形式再現。我到巴西的巧克力莊園，在濕熱的環境中咬下可可豆時，會牢牢記住此時此刻體驗到的感受。時機成熟時，這些感受將會引領我做出新的甜點。而當我在科西嘉島香氣撲鼻的馬基斯（maquis）灌木叢間漫步時，我會在記

10　編注：字面含義為「乾枯的山與水」，是日本寫意園林景觀形式，以疊放有致的石組為「山」、細碎砂石鋪地為「水」，偶有苔蘚和草坪等自然元素穿梭其中。

憶中帶走科西嘉百里香（herba-barona）的檸檬氣息，而它很快就會為馬卡龍增添香氣。

因此，在我處理工作的方式中，意義和感官是緊密連結的。無論是源自一段記憶、一則小軼事還是偉大的故事，我的甜點首先帶來味道，自然也有香氣，透過漂亮的外觀展現視覺，也會透過拿在手中時傳達觸覺。最後，比較令人訝異的是聽覺：依照咬下的是沙布列、慕斯或脆皮，這些質地會在口中產生既隱密又迥異的聲響，是無限的感官性……

幾年前，正是某段孩提時代的記憶孕育出甜點「維納斯」（Vénus）。出發點是在上普羅旺斯（Haute-Provence）市場購買的熟美榲桲。我正在地區農人的攤位前挑選榲桲，突然一陣可口的香氣騷動我的鼻子。這些熟度恰到好處的榲桲散發的香氣，霎那間帶我回到阿爾薩斯，置身度過中學歲月的聖母昆仲會寄宿學校。校園裡，緊鄰操場的庭院中有幾棵榲桲樹。深秋結成果實的時候，榲桲會散發一種帶有蜂蜜氣息的清甜香氣，讓我陶醉不已，此外，如果把榲桲放在家中的水果盤幾天，果實為室內添香的程度不亞於香氛蠟燭呢。

榲桲常被遺忘的另一個神奇之處，就是生食難以下嚥，煮熟後美妙無比，散發出……玫瑰般的香氣。從那時起，玫瑰和榲桲的組合對我來說顯而易見，於是我開始畫草稿，然後以這第一塊「基石」為中心開始打造甜點，有點像建築師蓋房子那樣。為了讓榲桲的粗糙口感柔和些，我在其中加入第三樣元素——蘋果。蘋果和榲桲、奶油、玫瑰糖漿小火慢煮十小時後，化為富含風味與甜度的糖煮水果，鋪滿作為甜點基底的沙布列。上方填入玫瑰馬斯卡彭乳霜，為整體增添輕盈感。最後擺滿捲起的蘋果薄片「緞帶」作為裝飾，帶來酸味與清脆口感的同時，也像抽象的可愛花苞。問題是，蘋果肉接觸空氣後很快就會氧化。然後我想起一名為亞蘭．杜卡斯（Alain Ducasse）工作的日本甜點師，幾年前曾讓我嚐過一種果肉不會變黑的奇特蘋果：千雪蘋果。

經過幾次試做與多次試吃後，維納斯從我腦海中浮出！講這個故事，是為了紮紮實實地說明我打造一款甜點的方式。

風味結構

從推出自己創作的那一刻起，我一直以這種方式工作。早期是憑藉直覺，直到二〇〇二或二〇〇三年回顧一切時，才意識到我的工作過程是有步驟和系統的。於是我試著用文字形容，便想到了「風味結構」（architecture du goût）一詞。用建築作比喻是很自然的，首先是因為，如果我沒有成為甜點師，建築一定會是吸引我的領域。不過主要是因為兩者有許多相似之處：我會像建築師繪製平面圖那樣勾勒甜點，確立「基礎」，亦即甜點的風味、結構、麵糰（沙布列、千層……）、奶霜（奶油、馬斯卡彭……）等「建材」，賦予作品風格和設計。

我們也可以拿作曲和風味結構進行比較：作曲家讓音符成型連貫，一如我配置指揮風味那般。我的工作甚至可以比擬為電影製作：結合榛果和檸檬，好，不過它們要如何表現？我會從一個構想或起心動念這樣思考——由於有多種可能的場景，我必須為甜點寫下敘事，才能建立甜點中各個元素（風味、質地、溫度……）的平衡與互動。在這個情況下，讓榛果或檸檬這些「角色」

登場是否有意義？哪個味道要先進場？誰殿後？質地的先後順序如何安排？各個風味如何展現自己？以牛奶巧克力和榛果這種經典方式嗎？還是像結合覆盆子、甜椒和帕瑪乳酪奶霜的「探戈」（Tango）甜塔那樣充滿驚喜？或者如「印加」（Inca）蛋糕那樣充滿高潮迭起，在黑巧克力與糖煮葡萄柚丁的風味中加入酪梨香蕉果泥，讓味蕾神魂顛倒？

這份工作沒有結束的一天，既刺激又快樂，不過需要多年經驗……這麼說都還太輕描淡寫呢！要能從事風味建構，必定要熟悉所有基礎的甜點配方。至少能構在腦海中結合各種點子，並想像成品：哪種蛋糕的質地可增加所需要的厚實感？哪種奶霜能帶來迷人感受？哪種果凝可為蛋糕增添適當的酸味或苦味？訓練有素的味覺也非常重要，當然還要盡可能認識各式各樣的食材。我所理解的高級甜點中，不再使用單純的「草莓」、「玫瑰」或「咖啡」名詞，因為有數十種，甚至數百種風味各異的草莓、玫瑰和咖啡。每種食材都會因為產地、風土、品種、種植風勢、感官特質、季節性等說不完的因素，而擁有千變萬化的面貌！這就是為何四十五年來，我沒有一天不努力鑽研食材的學問。風味結構，是一輩子的志業。

詫異與奶油中的黃金

我在馥頌工作時，就已經為風味建構打下最初的基石。但是到了拉杜蕾後繼續打造，我迫不及待想要百分之兩百投入工作，最後成立了自己的品牌。

九〇年代末，法國甜點仍墨守成規，與高級料理一樣。我對偉大經典充滿敬意，不過也想要擺脫它們。進入花香與辛香料風味世界的探險，為我開闢嶄新的視野，如此前所未有的自由激發了我的創造力。我的第一間甜點店在地球的另一端誕生，或許並不是出於偶然呢……

我和當年的事業夥伴夏爾勒．茲納堤一起，不斷努力說服出資者支持我們在巴黎開店的計畫。我們不斷遭到拒絕，銀行無法跳脫社區型糕點店的模式，完全不理解我們的奢華甜點與馬卡龍的概念。在日本，機會來的正是時候，而且完全符合我想要與眾不同、跳脫框架、以不同方式思考的渴望。短短幾個月內，我們在東京的店面已經就緒。事情輕鬆成型，無疑顯示出我已經萬事俱備。我列出想法、準備配方、增加許多新的風味組合。此外，許多日本甜點專家，甚至是定居日本的法國甜點同行嚴正提醒我：「一定要做日本人喜歡的甜點，否則絕對不會成功的。要知道，草莓蛋糕（日式草莓芙蓮）、蛋糕捲的甜度全都比法國低，而且分量也小得多。」當下我震驚極了。

想像一下我聽見這番話時的表情！簡直是加倍打擊。首先，我的思維中不存在「一定要怎樣」，這根本和創造背道而馳。再者，如果和大家所說的一樣，日本人喜歡法式甜點，那代表他們已經瞭解那甜點。如此一來，向他們提供千篇一律的草莓蛋糕或蛋糕捲又有什麼意義呢？滿足顧客的感官，這沒問題；預設顧客的好惡，想都別想！我才不會做市場調查呢！在創作階段中，我絕對不會去想行銷方面的事。對我而言，標竿確實有助益，但充滿爛點子。以我的觀點來看，若說觀察別人做的事有任何參考價值，那就是要加強彼此的區隔並維持自己的路線，同時不斷進化成長。為此我總是心想：我能帶來什麼不同之處？我認為無論是對自己還是對目標客群，每次開始新企劃時，都有義務做這種提問。

這項計畫中，包含位於新大谷飯店中一間十四平方公尺大的店面，飯店是為一九六四年東京奧運所建造的壯觀建築。皇居就在不遠處，坐擁歷史長達四百年的美麗庭園，是日本首都的機構。

新大谷飯店優雅講究，是實現我不斷精益求精的概念的理想地點。二十五年後，或許人們認為這個概念很簡單，但它也常被認為具有開創性：在奢華精緻的環境中，提供全新風味的季節性甜點。我想要為珠寶般既漂亮又美味的甜點打造具現代感的展示櫃，服務也堪比高級珠寶店。也許我就是從那時候開始探討「高級甜點店」的吧。

為了盛大開幕的第一間店，我當然把希望寄託在馬卡龍上，不過也有「伊斯法罕」、「金箔巧克力」（carrément chocolat）、榛果帕林內千層等甜點。還有在這番情境下更出人意表的產品：焦糖奶油酥（kouign-amann），這款蛋糕是布列塔尼人的發明，他們稱之為「奶油中的黃金」。這確實是以奶油味與甜度非常（非常！）高的麵包麵糰製成。我在馥頌工作時，多虧一位來自布列斯（Brest）名叫阿諾・拉雷（Arnaud Lahrer）的甜點師，讓我認識了焦糖奶油酥，拉雷現在已經成為大師，擁有「法國最佳工藝師」的頭銜。每次有外省年輕人來工作，我都會請他們製作該省份的特色甜食。我承認我沒有考慮布列塔尼黑李蛋糕（far aux pruneaux）。我不太知道如何讓這款有點素樸的家庭式甜點變得奢華……不過以奶油和焦糖風味為精髓的焦糖奶油酥，讓我感受到一種超越現實的風味，成分無比單純卻又難以製作。總之都是我喜愛的元素！經過些許調整，我們決定做成一人份尺寸，才能將酥脆口感展現得淋漓盡致。上架販售後，焦糖奶油酥再也沒有離開我的甜點清單。由於大受好評，我甚至把焦糖奶油酥放入行李帶到東京，心想日本人一定會愛死這款香濃美味、單純又有層次的陌生甜點。從此，這項布列塔尼特產成為日本人（聲稱）最喜愛的「維也納麵包」（viennoiserie）之一。根據當時《世界報》（*Le Monde*）記者菲利普·龐斯（Philippe Pons）的某篇文章，我似乎是第一個將布列塔尼焦糖奶油酥帶進日本的甜點師。我真是不盡責的阿爾薩斯人啊！

我還激動地記得，我的甜點店在新大谷飯店開幕的日子。我們事先發布了新聞稿，記者們的文章在開幕頭幾個小時就引來大批人潮。我和我的甜點主廚理查·勒杜（現今管理日本的Pierre Hermé品牌）忙得滿場飛。放在三座正方體展示櫃中的甜點很快被一掃而空，連包裝盒也沒了，我們完全跟不上銷售的速度。補充一則軼事：幾位非常時髦的女士詢問我們，馬卡龍是不是做壞的最中。最中是一種和菓子，其餅殼是極薄的威化餅，中間夾入紅豆餡，外型很接近馬卡龍。這些客人的詫異是完全可以理解的，我們也加倍努力向他們解釋法式甜點的作法。至少這是我們可以做的事，畢竟我們帶著少見的個人創作來到東京，從根本上改變已經融入當地的傳統法式甜點。

接下來發生的事簡直像作夢。我的甜點很受喜愛，顧客會不斷回購。想必我的作品與日本人的口味之間有某種親緣關係，因為日本擁有深遠的料理與甜點文化。他們對創作和技藝抱持濃厚興趣，而且無論在口味還是美感上都特別注重細節。這一切立刻引起我的強烈共鳴。

那一刻，我從來沒有想像過在日本闖蕩會出現如此美妙的轉折。然而我旋即明白：自己找到第二個祖國了。

日出之國與龜血

第一次造訪日本是在一九八八年，當時我還在為馥頌工作，該公司從一九六四年就進軍日本。在那之前，日本就已經引起我的好奇心，也很吸引我，尤其是因為法式甜點在那裡擁有崇高地位。即便早已看過無數關於日式技術與工作方式的報導，然而我對於踏上日本時所感受到的震撼毫無心理準備。儘管已經造訪日本八十多次，每次降落時仍有這種感受。日本很迷人，從那時候起，我應該已經很瞭解這個國家才對，然而我依舊覺得自己根本不瞭解日本。因看不懂日文因而無法記住地點，在那裡並不是新鮮事。我不諳日語，所以仰賴一位名叫卡蜜兒・小川（Camille Ogawa）的出色口筆譯人員，我們已經認識很久了，由於很習慣一起工作，她幾乎可以代替我回答採訪的問題呢！

剛開始的幾年，我是為了工作到日本，總是來去匆匆。漸漸地，我給自己時間探索這個國家，在參觀穀物、綠茶、山葵、草莓、梨子、蘋果或蜜柑（遠近馳名的薩摩美味小橘子）等種植地，自然開始認識食材。料理方面，我必須學習和瞭解不同類型的菜餚和餐廳，例如鐵板燒（類似法國鐵板料理la plancha）、壽司和生魚片、各式各樣的串燒或非常受歡迎的火鍋、天婦羅、蕎麥麵、御好燒（塞滿多種食材的小煎餅）、拉麵等。一如各方面的日本文化，料理也極盡講究之能事，小山裕久（青柳餐廳）之流的大師讓我非常震撼，切魚在他們手中成為一門極致的藝術，東京與其他地方充滿創意的年輕主廚也令我印象深刻。

我的追尋偶爾也會帶來比較極端的體驗，例如某間餐廳地位極高的事業夥伴，就給我吃了皮蛋；和中國的皮蛋非常不一樣，硫和阿摩尼亞的味道較淡。但……驚喜還沒結束，主廚當著我的面幫一隻烏龜放血後遞給我一杯龜血：「來，請喝，這可以壯陽喔！」他有點幸災樂禍地說著。他一定心想，沒有可信憑據的話，這個法國佬一定不敢喝吧。

由於我充滿好奇心，也發誓要嚐遍所有能吃的東西，當然不能因為噁心就不吃啦。因此我喝下那杯龜血，口感溫熱帶甜味。我恨死那東西了！至於龜肉，幸好是烹煮過才上桌的。龜肉吃起來有點像小牛肉，但味道差多了，對我來說沒有任何意思。

這些年我常造訪日本，不斷尋找最好的食材。日本的環境友善和有機農產品相對稀少，因此並不容易。不過我有幸認識一些出色的農人，他們都在有「日本糧倉」之稱的北海道（因為那裡生產稻米和小麥），我在那兒找到絕佳的蜂蜜，而我在當地的團隊也幾乎只用這些蜂蜜。

山葵與道路

我很榮幸在二〇一九年獲得日本外務大臣頒發「表彰狀」，肯定我在「推廣與提升日本風土及農產品」中的角色。深愛許多日本風味的我清楚記得與每一種食材相遇的過程，而且不斷在法國與其他地方讓人們認識這些農產品。日本人強調這一點，讓我相當感動。但是實際上我並不需要花費太多努力，因為日本的農產品品質非常出色，我實在無法自拔。例如我會想到日本的米，已經成為世界上我最喜歡的食物之一，或是我每天都會享用的煎茶。

一切都從日本柚子開始。這種柑橘類水果是野生橘子和宜昌橙的雜交種，味道美妙迷人，散發檸檬、青檸、葡萄柚、小橘子等的香氣，非常驚人！而且柚子在日本無所不在，無論醬汁、醃漬汁、蛋糕還是糖果中全都有它的蹤影。我正是在這種形式下，於八〇年代末初次嚐到日本柚子。真是一見鍾情，而且我立刻就想以這種獨一無二的風味創作。問題是，當年不可能在法國找到日本柚子。不過我實在太醉心於日本柚子，決定不惜一切代價將這種風味結合巧克力，做成名為「蔚藍」（Azur）的甜點。最後我做的甜點中……沒有日本柚子！為了彌補少了這種奇妙柑橘的遺憾，我使用柳橙、葡萄柚與小橘子，蒸熟後攪打混合，以重建日本柚子的風味。這就是我腦袋中有想法但手邊沒有材料時會做的事……說實話，其實味道不差，雖然還是比不上真正的日本柚子。

不久後，多虧 Nobu 餐廳的主廚，他剛在巴黎落腳，我們也有共同合作對象，因此成功取得日本柚子。我就是以這種方式開始讓法國人認識日本柚子的。接著，幾間優質的日本食品店也開始販售日本柚子（一顆要價12歐元），柑橘農人米歇爾和班乃迪克．巴雪斯（Michel & Bénédicte Bachès）在埃烏斯省（Eus）靠近佩皮尼昂（Perpignan）的地方開始種植，隨後也有其他農家跟進。如今有時在 Monoprix 超市也可以見到日本柚子。這種水果終於在法國普及啦！

最初到日本的時候，我還發現錯過會非常可惜的品嚐儀式，那就是茶道。這和我在此之前對茶的認知完全不一樣，因為抹茶是用石磨研磨成細粉的綠茶茶葉。不同於其他的茶，抹茶不是用沖泡的，而是用如竹製打蛋器的茶筅與熱水混合後飲用。一開始我並不喜歡這種源自古老技藝、充滿泡沫的鮮綠色飲品。我覺得抹茶的碘味、植物與草本味都太強烈了。我花了好幾年的時間才熟悉和欣賞它，而用抹茶創作則又花了更多時間。

隨著時間過去，我發現不同於起初的想法，抹茶可以優雅地與其他風味連結。結合栗子和抹茶的馬卡龍當真是不二之選，因為這兩種食材有極為相似的關聯，那就是在口中的苦味尾韻。抹茶和百香果的香氣也非常搭調，可以搭配硫味稍重的覆盆子，也可以搭配焦糖（尤其是做成冰淇淋），甚至也能搭配牛奶巧克力做成口感柔潤絲滑的松露巧克力。這種帶有海藻氣息的獨特茶類自然也與日本風味非常合拍，像是日本柚子，我結合這兩種風味，做成一款叫作「茶道」

（Chado）的馬卡龍、甜點和磅蛋糕；紅豆也是日本風味，味道當然也很好，但風味組合沒那麼令人驚艷。

自從認識日本之後，還有另外一種綠茶進入我的人生，每天早上為我帶來好心情，那就是煎茶。我是在東京造訪迷人的古老茶館時發現煎茶的，我可以在茶館待上好幾個小時細細品茶，欣賞深色木架上的盒子，感受歷史，聆聽身穿傳統服裝的女主人的敘述。我就是如此知道煎茶屬於「無覆蓋茶」，因為茶葉在陽光照射下生長，沒有遮陽。不同於人們的認知，遮光與否並不是品質的標準，因為在遮蔭下生長的茶，如抹茶或玉露，都以高級聞名。我也得知煎茶是十四世紀時最早用於沖泡的茶。在此之前，僧侶喝的是煮沸後攪拌的茶。日本的煎茶種類繁多，是種植最多的茶種。

我特別喜歡飲用煎茶，因為帶有淡淡苦味、氣味清爽，早上醒來後，我在家裡會以嚴謹的手法為自己和同樣熱愛煎茶的妻子沖泡。我透過日本的測量工具取出分量準確的煎茶，放入六十度的水中浸泡兩分鐘，即可享用。不過我更喜歡為薇樂麗沖的第二泡，因為比較像日本的泡茶法：茶道大師一定會倒掉第一泡的水，不過我承認，早上七點的我並沒有這麼做！我絕少在甜點中使用煎茶。話雖如此，多年前我曾在一款名為「海洋花園」（Jardin marin）的馬卡龍中使用煎茶，為甘納許增添香氣，並綴以檸檬油封雞油菌菇。這款馬卡龍帶來的感受相當奇異，彷彿一口咬下帶有幽微碘味的不知名海鮮。

至於蕎麥麵，或說烘烤蕎麥，帶給我相當矛盾的感受。日本人將蕎麥做成麵條，這我非常喜歡，也泡成我一點都不喜歡的蕎麥茶。這是日本最受喜愛的飲料之一，是將烘烤過的蕎麥浸泡熱水製成。薇樂麗飲用大量蕎麥茶，似乎是因為其含有大量排毒功效，但味道方面我實在不敢恭維。然而，我真的非常熱愛蕎麥本身，甚至成為近期設計的「艾絲黛拉」（Estella）甜點的基礎。我為這款甜點瘋狂，對我來說，它甚至超越伊斯法罕！「艾絲黛拉」由蕎麥沙布列（這在布列塔尼叫「黑麥」）、雪松松子帕林內、香草植物果凝（香菜、歐當歸、薄荷、鼠尾草）以及松針嫩芽奶霜組成。整體將味蕾帶往前所未見的草本與木質調世界。

我也在國王派中運用蕎麥。這讓我瞭解到，黑麥麵粉的品質非常不穩定，甚至可說反覆無常。記者會上讓各家媒體品嚐木柴蛋糕和國王派時，妻子有點慌張的來提醒我：「你的黑麥國王派有股奇怪的乳酪味。真的不好吃！」

起初我以為她在開玩笑，或身為科西嘉人的她不懂得欣賞布列塔尼食材。然後我試吃了。薇樂麗是對的，（幾乎）總是如此。整體而言，蕎麥的味道固然不是太高雅，但我喜歡它的深度與泥土氣息。然而，當下的味道卻像是麵粉「變質」了，很可能是麵粉太早氧化所產生的油耗味。我們趕快從試吃品中撤下國王派，我也立刻換掉黑麥麵粉的供應商。不過我仍持續探索蕎麥的潛力。尤其是烘烤過的麥粒，放入鹹味雪茄餅的麵糊中，搭配干貝、甜菜根和石榴籽，作為巴黎帛帕薩（Beaupassage）拱廊街的餐廳與馬拉喀什拉瑪穆尼亞飯店 Majorelle 藝廊餐廳的菜餚。

一九九八年，在數不清的日本旅行中，我在富士山的山坡農園發現了另一樣奇妙的農產品：山葵。據說靜岡地區出產全世界最優質的山葵。

當時在法國，人們對這種植物幾乎一無所知，而山葵卻是在阿爾薩斯深受喜愛的辣根近親。大家只知道那是辛辣的綠色調味料，用來搭配壽司。我還清晰記得走在艷綠田野間，眼前景觀如畫作般壯麗，背景是山頂終年積雪的聖山。山葵是半水生種植，但當時我忘記穿靴子；即使雙腳溼透，也還是被如此美麗的景緻迷住了。

「山葵喜歡純淨的溪水。」山葵種植大師望月祐真告訴我：「在自然狀態下，山葵生長在中海拔地區，不太低也不太高，會尋找涼爽溫和的氣候、適中的日照，這就是為何此處最適合山葵生長。」望月專業又富詩意地解釋。「山葵全株皆能食用，根部要在帶鯊魚皮的木板上以畫圓方式磨成泥，製成佐料。莖和葉可以生吃或炒食，至於呈心型帶有細緻珠光的花朵，風味溫和，可以漂亮地點綴各種沙拉。」我深感驚奇。新鮮、處於原始狀態的山葵，超乎尋常的精彩。望月先生告訴我這些重要的植物資訊時，山葵對我來說更迷人了。

「山葵根部長得越深，底部就越甘甜。」他說道。我恍然大悟：種植者說出「甜」這個字，彷彿打開我的脈輪！

深受日本人推崇的山葵，其風味難以定義，同時具有甘甜、濃烈、苦味、辣味，還有強烈的嗅覺感受，因為山葵像芥末一樣會嗆鼻。我一定要把山葵帶入甜點的世界。我沒去思考之前是否已經有人做過，但不會因為山葵主要是搭配鹹食而停手。唯一確定的，就是我一定要試試看。

我從山葵葡萄柚雪酪開始，接著推出草莓山葵馬卡龍。都要是新鮮的，因為這才是山葵的最佳狀態。當然啦，推出這類創作時，我總是能收到滿滿的辛辣言論，現在不說更待何時！人們像是帶著尷尬微笑皺起鼻子說：「山葵馬卡龍，這有點太怪了吧？」、「真是詭異的想法！」

試吃香草橄欖油馬卡龍時我也聽人說：「這東西真的是莫名其妙！」順帶一提，這個組合真是超凡入聖。對於毫無好奇心的人，我也無能為力。而且說實話，我學會相信自己的品味和直覺，因此我對這類缺乏開放心態和文化的話語根本無所謂。即使無法討好每個人（這是另一個議題），當我對某個產品有把握、內心深處很清楚它有多美味時，就會對批評無動於衷。所以我乾脆對猶豫不決的人說：「千萬不要試，免得您覺得好吃。」

當我們認識一個風味如此獨特的國家時，必須拋開所有口味的成見。年紀還小的時候，我就決定永遠不要先入為主。這就是為何我興致盎然地發現紅豆是和菓子的核心，而我們則會想到墨西哥辣豆醬。第一次吃到紅豆，是在甜點裡。我覺得好吃嗎？不。難吃嗎？也不是。我只心想：「真無趣。」我又錯了。一如日本文化中的許多產品，紅豆也是需要理解、學習、讓自己慢慢接近的，它屬於不會立即展現的事物，需要經過解釋，隨著時間過去才會慢慢顯露。

如今，紅豆是我喜歡用來勾起食慾的食材之一。我很早就從東京帶回過紅豆，記得那是在一九九八年，我和菲德烈珂還住在阿涅爾（Asnière）的家，一切都以廚房為中心，而我不斷想辦法突顯紅豆的味道。因為紅豆的味道很清淡，我覺得有必要加入比較具刺激性的風味。因此我想出一款由紅豆泥、抹茶冰淇淋與葡萄柚果肉組成的餐後甜點。不久後，我又加入生薑、青檸皮絲，以及酸味與紅豆相輔相成的米醋。二十三年後，我重新詮釋這款風味組合，做成「他鄉」乳酪蛋糕。

事實上，紅豆對我而言已經成為基本食材了；與其說它是一種風味，我倒認為更像一種質地。紅豆進入我每天都在增加內容的「腦內食材圖書館」，不時會用上。幾個月前，我以蘋果修頌（chausson aux pommes）為範本，為Bridor品牌設計了紅豆修頌，我與該品牌將會合作，為法國與海外，尤其是日本的高級飯店，推出一系列甜麵包。此刻我腦海中閃過一個念頭：我好想以草莓韃靼（tartare de fraises）搭配紅豆，讓紅豆走出日本。我相信成果一定會很棒，試試看就知道了！

我對白味噌採取的態度大致相同，那是一種以黃豆發酵製成的鹹味膏狀物。某次在東京嚐到非常美味的味噌湯時，我的味蕾立刻就愛上白味噌。我喜歡白味噌的味道和質地，不過花了一些時間才將其融入甜點創作。白味噌的溫潤甜味戰勝我的遲疑，最後我用白巧克力搭配風味略嫌內斂的白味噌。成品很有意思，因為味噌能在不破壞巧克力味道的情況下突顯其風味，尤其是加入白味噌丁的磅蛋糕，帶來非常獨特的感受。我還以檸檬搭配白味噌做成名為「詩人庭園」（Jardin des poètes）的馬卡龍，另一款較複雜的叫作「禪之庭園」（Jardin Zen），搭配巧克力，中間還有一小塊沙布列。若只聽說明，會讓人覺得這似乎水火不容。但如果在不知道其中有白味噌的前提下品嚐，只會感覺風味很有說服力。

芝麻就有點不同了。在日本認識芝麻以前，我並不特別喜歡這種食材，因為表現不是大好就是大壞。

如果是品質低劣的芝麻，表現就是大壞，味道就會顯得油膩粗糙。此外，即使離包裝上的到期日還很久，芝麻很快就會變質散發油耗味。

優質的芝麻就能展現絕佳風味，即使相當質樸，還帶點奇特的苦味，卻能帶來濃郁的味道與多重可能性。以這種小型穀類創作的開端，源於某次在日本拜訪一間手工藝工坊，那裡的芝麻品質非常好。眼前看到專業人士正在篩選烘焙芝麻，據他們所說，這麼做可以為芝麻「注入生命」。這個概念非常生動，帶著細膩的詩意。我在那裡試吃了白芝麻、黃金芝麻、黑芝麻：這些顏色不代表成熟度或烘焙程度，而是不同品種。這麼多芝麻品種，令我不禁重新思考自己對芝麻的成見。那時候起，我越來越常以芝麻創作。

我記得做過黃金芝麻帕林內，不過黑芝麻仍是我的最愛，用來創作各式各樣的甜點：首先是搭配焦糖與黑芝麻的「芝麻開門」（Ouvre-toi）冰淇淋和馬卡龍，然後是無限黑芝麻馬卡龍、米布丁佐黑芝麻糖漬栗子冰淇淋、黑芝麻奶霜泡芙……多到我記不清啦！

在這些惠我良多的日本風味基石之外，我還可以列舉許多其他食材。

例如紫蘇，法文名稱為「南京紫蘇」（pérille de Nankin），可看出原產地是中國。紫蘇與薄荷同科，散發常見的巴西里與肉桂氣味，在日本是日常食材，葉片用來包一口小點、麻糬與其他飯糰。我第一次吃到紫蘇，是一九八八年在築地魚市場旁的一間小館子。我們到著名的黑鮪魚拍賣會大開眼界，競價可高達數百萬日圓，然後清晨五點準備去用餐。端上來的生魚片旁附了幾片邊緣呈鋸齒狀的綠色葉片，那就是紫蘇。我很討厭這些綠葉的味道，覺得它們「庸俗」極了。在我的腦海裡，這個詞很適合形容在我眼中顯得通俗、不精緻高雅的味道，像是迷迭香、鼠尾草、百里香，還有花生（多年前，我曾發想過一款美式中學布里歐許三明治風格的甜點，以花生醬搭配覆盆子果凝，直到現在我都無法允許自己販售這款甜點）。

雖然我承認自己很固執，不過會阻止自己維持這種過於分明的立場，尤其在味道方面。此外，五年前，某位農人想讓我試吃他種在巴黎屋頂上的紅紫蘇，雖然我一點也不相信，還是跟著他走了。出乎我意料，美麗的紫色葉片散發出混合羅勒、肉桂、孜然的香氣，而且我覺得比青紫蘇有趣多了。因此我嘗試浸泡這種紅紫蘇，盡可能萃取那細緻的香氣。我也將同樣隱約帶點苦味的野草莓搭配紅紫蘇，運用在馬卡龍和甜點中。然後我完全出於直覺，也搭配了柳橙做成馬卡龍，是即將推出的口味。我說不上原因是什麼，但味道就是合得來。我和紫蘇的淵源很晚近，還沒開發不同的變化，不過也許很快就會……

我似乎沒有足夠的壽命探索日出之國的所有風味。這就是日本效應：越以為自己瞭解它，它就離得更遙遠。每一次我回到日本，總會有農產品吸引我。

目前我對梅干很有興趣，鹹鹹的小梅子屬於漬物，也就是非常普遍的醃漬蔬菜，用來搭配大部分日本菜餚。我對梅干的味道躊躇不決，不太知道該如何下手，不過它對我下了戰帖，我最喜歡挑戰了！最近我在快閃餐廳ＡＤＭＯ品嚐了亞蘭·杜卡斯的甜點主廚潔西卡·佩亞帕托創作的餐後甜點：盤中的梅子與蕎麥茶是絕配，令我想用梅干創作的心情蠢蠢欲動。話雖如此，我還是必須在歐洲找到可靠的供應來源才行。

我也想提一下另一個鮮為人知的食品：黃豆粉。這是經烘焙的黃豆粉末，細緻如麵粉，我在皇家夢索飯店為松久（Matsushima）餐廳創作以日本為靈感的餐後甜點時認識了這個食材。黃豆粉的風味無法以西方口味定義相比，味道不是很強勁，有堅果和烘烤香氣，加入馬卡龍、木柴蛋糕、奴軋汀、漂浮島、蛋糕捲，甚至黃金巧克力與黃豆粉打發甘納許口味的千層派，滋味皆美妙無比。真是美食中的驚喜！

最後是我在酒藏（清酒釀造廠）發現的清酒酒渣，又稱酒粕。這是清酒發酵所形成的白色糊狀物，散發米酒的香氣，酒精含量低。日本人把酒粕當成調味料，用在醃漬汁中。我非常喜歡這種食材，因此做了一款以「稻」（Oryza）為名的馬卡龍。不過我很難描述酒粕的味道，只能說有發酵的氣味。其餘的實在太抽象了，如同許多日本食品，酒粕和我之前所認識的味道無從比較。

這種**難以描摹的感受**表現在日本的各個領域，而不單單是味道方面。如果充滿好奇心，那一定會為此而滿心興奮，但是眼界狹隘的人可能就會感到招架不住。我開始定期到日本時，有許多事情讓我非常震驚。

首先是藝術家、主廚或工匠，他們以嚴厲不妥協的眼光檢視自己的作品，因為永遠都有改進空間。即使已經是該領域當之無愧的大師，每天仍會這麼做。我就是這樣而嚐到出自一名高齡八十五歲主廚之手的精湛天婦羅，我讚美時他回答我：「勉強合格啦！」

這不是假惺惺的謙虛，而是要人持續進步再進步的處世哲學。可以想見，這延續了某些傳統，每一代無疑都希望下一代做得更好。我想到六百年來同一個工坊所製作的精美刀具，想到一八七五年創立至今的開化堂的金屬茶罐，也想到一六八八年創立於京都的織品品牌細尾，他們的布料是全世界最美的！

這些年來與許多日本人共事，我也發現職人世界的準則和法國非常不同，因為階級並不取決於才能和經驗，而是成熟度：年紀優先於所有其他特質。這點有時會引發令人詫異的情況。

還有，一定要共同做所有決定。因此，當我們開設第一家店面時，在協商與處理行政流程期間，一直叫作「Maison Pierre Hermé Paris」，然後某天早上，新大谷飯店的管理委員會開會要決定……這間店的名字！我們已經有正式的店名了，然而為了確認，店名必須經過全體認可。

我還學到，日本人說「是」的時候並不代表他同意，不過他聽到了，這是截然不同的意思。瞭解這一點，就可以避免失望和偏見。同樣也要注意，當日本人口頭承諾時，就不需要為事物擬定合約了，因為一諾值千金。因此，要求對方簽署文件，等於表現某種不信任……

這些事看在西方人眼裡常常顯得很荒謬，其實並不奇怪，只是我們的民情與習俗不同而已。再說，努力瞭解這些習俗也很有趣。為此，我在九〇年代時開始越來越常到東京工作呢，谷崎潤一郎的《陰翳禮讚》我讀了五、六遍，建議對日本有興趣的人都應該一讀。這本書藉由明暗對比、陰影濃淡、寂趣，巧妙解讀日本文化、禮俗與不言的符碼。然後谷崎以典雅的文字描述羊羹，這種外觀與我們的水果軟糖相仿的和菓子，只不過是以紅豆做的，形容它「帶有冥想般的色彩」。誰能抗拒這種優美？

祖傳香草番茄沙拉

可製作4人份
不需烹煮
靜置時間1個月

食材：

冷壓初榨青橄欖油750毫升
（例如此處使用的科西嘉島Oltremonti果園的橄欖油）
馬達加斯加或墨西哥香草莢8根
各式祖傳番茄500公克
（鳳梨番茄、綠斑馬、黑克里米亞、伯恩山粉紅番茄、櫻桃番茄……）
鹽之花適量
沙勞越胡椒

步驟：

1. 香草莢縱剖刮出香草籽後，整根浸入橄欖油 ⬇ 於陰涼室溫處靜置一個月 ⬇ 過濾後，將香草風味橄欖油倒回原本的瓶子

2. 備料時，沖洗番茄，去除蒂頭，切成小片 ⬇ 番茄裝盤，撒上鹽之花和胡椒 ⬇ 搖晃香草風味橄欖油的瓶身，番茄淋上大量橄欖油，即可享用

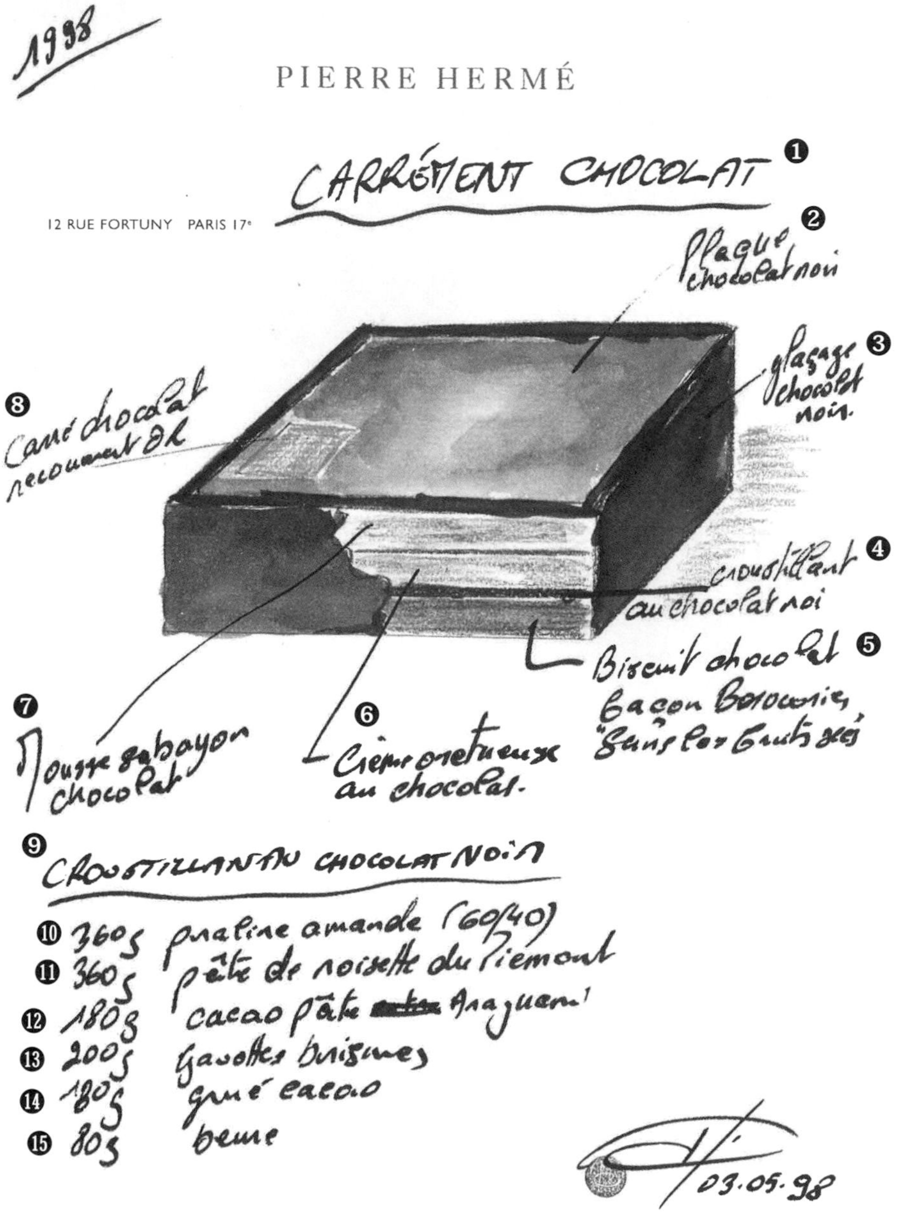

❶ 金箔巧克力
❷ 黑巧克力片
❸ 黑巧克力淋面
❹ 黑巧克力脆片
❺ 布朗尼式巧克力蛋糕
❻ 巧克力濃郁奶霜
❼ 巧克力沙巴雍慕斯
❽ 方形貼金箔巧克力
❾ 黑巧克力脆片
❿ 360 公克杏仁帕林內（60/40）
⓫ 360 公克皮耶蒙榛果醬
⓬ 180 公克阿拉瓜尼（Araguani）可可膏
⓭ 200 公克法式薄餅脆片
⓮ 180 公克可可碎粒
⓯ 80 公克奶油

7 患難

失敗與可口可樂

在新大谷開幕後，我們很快就明白，我們正在東京的陽光下創造一個美好的地方。此外，幾個月後，我們開始討論在伊克斯皮兒莉（IKSPIARI）開第二間店，那是於二〇〇〇年七月落成的巨大購物中心，就在東京迪士尼旁邊。這間甜點茶沙龍由迪士尼出資、安德莉・普特曼（Andrée Putman）操刀設計，與 Tiffany 珠寶店、亞蘭・杜卡斯的餐廳及時裝設計師保羅・史密斯（Paul Smith）的店面比鄰，坐落在名為 Gracious Square 的露天街道上。由於這家店在二〇一二年因營業額不夠高而歇業，故以上內容在本書原文版本中，我使用法文的「未完成過去式」描述，想必它並不適合開在這裡。在這些情況下，要我結束不是問題：是不好，還是不夠好？那就下台一鞠躬吧！

失敗是創業者人生的一部分。即使有些失敗特別令人難受，我們還是要從中學到重要的教訓。我在法國的第一間店就發生狀況，歷經千辛萬苦誕生，不久後又差點消失。

事實上，雖然我的甜點在東京很成功，同一時間，在巴黎的我們卻難以找到資金夥伴去實現同樣的事。我的公司不斷成長，我的工作就是為 Wegmans Food Market（位於美國）、Häagen-Dazs 和 Lindt 等品牌擔任顧問。然而卻沒有人想追隨我的高級甜點店概念。我的合夥人努力向無數銀行解釋提案，卻沒有成功。

然後有一天，我的前妻菲德烈珂向我提到一間即將進駐香榭麗舍大道附近的 Marbeuf 街的餐廳，正需要她的料理專長。這裡我要特別說明，我非常欽佩菲德烈珂對料理的熱情與才華，於是鼓勵她出書，包括一九九八年出版的《行家美食》（*Délices d'Initiés*），其中的食譜一道比一道有創意，以快速消費品為發想，像是當年引發熱議的可口可樂燉雞，甚至連後來的 Korova 餐廳老闆們都想讓菲德烈珂為他們設計菜單。菜單必須要配得上餐廳硬體，其內部裝潢得像史丹利・庫柏力克（Stanley Kubrick）《發條橘子》（*Clockwork Orange*）中的牛奶吧。這家餐廳由于貝・布柯布札（Hubert Boukobza）開發，他是巴黎知名夜店 Les Bains Douches 的老闆，這樁生意前景看好而且很吸引人，畢竟他的合夥人不是別人，正是電視主持人與製作人尚－路克・德拉路（Jean-Luc Delarue），幾個月後這兩人與勞勃・狄尼洛（Robert de Niro）合作，在 Korova 旁邊打造了巴黎知名的美食餐廳 Nobu。

因此，某天晚上我就和菲德烈珂與于貝・布柯布札和尚－路克・德拉路共進晚餐。用餐時我提到想在巴黎開甜點店的心願，他們立刻有反應地對我說：「我們合作吧！」我應該要對這份誇張的熱情有所警覺的。

但面對始終無法看見我的巴黎計畫實現，我實在感到厭倦，於是第二天一早立刻將這件事告訴我的合夥人夏爾勒，他的想法和我一樣。「我們就衝吧！」他對我說。

這正是我想聽見的。無論如何，我們也沒有別的辦法。不過我們大意了，只想著抓住這個機會，顧不得如已故的尚－皮耶・柯夫等幾位好心睿智朋友的提醒，要我們注意于貝・布柯布札的惡名。不過他的興致太高昂，滔滔不絕，我們被牽著鼻子走，因而做出糟糕的決定。

起初一切都非常順利。Korova 餐廳於二〇〇〇年末開業，深受歡迎，人們大排長龍，只為躋身這家炙手可熱餐廳的顧客之列。全巴黎都前來一嚐菲德烈珂設計的「松露卡布里斯小天使乳酪」（Caprice des Dieux Truffé）或龍蝦熱狗。我們這裡真是嚴重失誤，與布柯布札和德拉路兩人各出資一半，成立 Médélice 公司，正在籌備開設第一間甜點店的最後事宜，地點就在巴黎六區 Saint-Sulpice 廣場附近的 Bonaparte 路。

我們的製作工坊則在十五區的 Vaugirard 路。店面終於在二〇〇一年八月開幕，由楊・佩諾斯操刀設計，在在展現出我對奢華甜點的準則。櫥窗只露出四個內凹的正方體，裡面放著甜點。方格內部採用深色和極簡造型以突顯甜點。整體散發珠寶店的氛圍。我想顧客一定很喜歡，因為店裡湧進大批人潮，而且還引起巨大迴響。法國電視二台（France 2）的報導節目《特派員》

（*Enoyé Spécial*），就是這番驚人成功的部分原因。節目的記者原本打算製作關於法國甜點現狀的主題。不過由於我們一起度過許多時間，去了阿爾薩斯，到我童年時待過的地方、拍攝工作過程，最後變成我的專題，記錄我、我的生活、我的作品和我的計畫！結果節目播出後的幾個禮拜，甚至幾個月後，店面隊伍從早到晚都沒斷過。

我們卯足了全力拚命工作，而且成功接踵而來，到處都要求我們提供甜點。尤其是Korova，二〇〇二年初我們在那裡開設了甜點部……幾個月後得知，這家餐廳累積了將近四百八十萬歐元的債務，即將停業。更糟的還在後頭：由於債務太龐大，Nobu 和 Médélice 也不得不聲請破產，Nobu 虧損了三百六十萬歐元，然而我們的甜點卻非常暢銷。最慘的是，Korova 留給我們將盡二十萬歐元的負債，簡直惡夢一場！

我想那是我職業生涯中最糟糕的時期。我還清楚記得，二〇〇二年九月某個明朗的清晨，我在 Vaugirard 路的甜點廚房中向團隊解釋這件難以理解的事，一切歷歷在目。在這種情況下，即使我也深受影響和打擊，我還是承擔這一切。拐彎抹角也無濟於事，必須直截了當地說出口。

「我要和各位說個壞消息，我們要被迫聲請破產了。」這番話重重打擊了所有合作對象。

眾人一陣驚愕後，緊接著是再合理不過的問題。

「艾曼先生，這怎麼可能？甜點店的人潮從來沒有斷過，而且每天都賣出幾百個甜點！」

「真的非常遺憾，因為選錯合夥人了。」我為自己辯解。「Korova 和 Nobu 餐廳有太多未經深思熟慮的支出。此外，我們的合作對象並木按照合約為甜點店投入資金。說好聽一點，我們遇上大麻煩了。不過我向各位保證，我們一定會竭盡全力的。」

但這是我們所有人一起做的。當下沒有膽量，更待何時？

那個早晨的回憶太難受也太激動。我面對一群了不起的人，百分之兩百投入他們的職業，卻可能即將失去工作。然而他們沒有指責我也沒有怨恨我，而是支持我、尋求解決之道，提出有建設性的建議。供應商那邊也是如此，態度寬厚，也很體諒我們。我慚愧得要命，但我必須對抗眼前讓我措手不及的情況。並且從中吸取教訓。

事態實在太荒謬不公，但這反而讓我對甜點店活下去的決心更堅定。於是我們與于貝・布柯布札和尚－路克・德拉路展開長期角力，要他們放棄部分應付帳款，並找來財產管理人制定復原計畫。幾個月過去，可以看出我們的事業確實有收益。漸漸地，我們開始能夠勉強償還政府、供應商與前合夥人。尚－路克・德拉路曾想賤價買下我的股份，不過我拒絕了，動機非常單純：因為他不會做甜點……我們花了十年還完所有債務，再也沒有重新協商。我一直有信心能夠度過難關，而且確實如此。尚－路克過世幾個月後，我在給其遺孀的最後一張支票上簽名。願他安息。

結果，這場困境反而讓我變得更強大。

它教會我一件事，那就是：沒有比選錯合夥人更糟的事。證據就在眼前，我們打造出品質好又有賺頭的東西，但如果合夥人沒有用同樣的心態工作，就不足以讓生意成功。這樣說並沒有中傷于貝．布柯布札死後的名聲（他在二〇一八年過世），畢竟他本人也曾在報章雜誌中承認過，他和尚－路克．德拉路掌控不了狀況，使這兩家餐廳在各方面都天翻地覆：員工過多、管理輕率隨便、缺乏經營、揮霍無度……至少這給了我機會看清所有創業時不該做的事。在那以後，和資金夥伴打交道時，我都會看兩遍，甚至十遍！

再者，這件事讓我瞭解到：只要夠勇敢堅定，一定能克服難關。我原本可以放棄認輸，因為情況真的很棘手，不過我連想都沒想過。然而，當時的我確實很挫折。這個事件曾長時間毀了我的生活。但是這個領域就和其他領域一樣，我並不後悔。我甚至會說，沒有經歷這場考驗就太可惜了。如果沒有經歷這一切，或許我就會少了些警覺，也就不會這麼強壯。或許我就會一直是才華洋溢但過度天真的甜點師，忠於自我到不懂得懷疑他人。這起事件讓我看見某些人性的陰暗面，教會我比商學院更紮實的商場奧祕。人生啊，讓我再次感謝你。

管理與巧克力橙條

用「商場」一詞其實並不恰當。因為我從來不是商人；現在不是，也永遠不會是。

我自認更像是創業者，追求的是建立品牌和創造風格。商業計畫之類的東西最煩人了！我對所謂的商業根本沒有任何渴望。話說回來，我必須瞭解一切才能主宰自己的命運，因而不得不對商業方面下功夫。管理商業活動從來就不是我的喜好，但是可以讓我堅持到底。我更感興趣的是結合創意、行銷與經濟層面。Korova 波折的教訓中，我特別意識到，如果我想要發展一個具有國際影響力的品牌而不單單只是一間甜點店，那麼現在就該將這三者視為我的事業的中心。雖然這兩種可能性的出發點相同，走的路卻不同。

我在這方面花了許多功夫，現在仍持續在做，這二十多年來是仰賴以下的根本要素：

- 我們的願景：跳脫傳統規範，創造全新風味，讓甜點業精益求精
- 我們的識別：體現擁有革新技藝的創意與奢華品牌
- 我們的價值：品質、創意、美感、注重細節
- 我們的使命：帶來情感與獨一無二的感官體驗

簡而言之，這些構成品牌的「平台」。行銷人員如此形容，他們總要把所有資料變成晦澀又不可或缺的圖表形式。因為一間公司規模越大，其準則就越可能扭曲，就像遭受反覆微小衝擊的腳踏車輪。事實上，公司要想成長就必須定期招募新人，每個人都會帶著自己的知識、背景和個性進入公司。這是非常理想的養分，因為這能讓整間公司成長而不至於變得陳腐，但這不應該改變品牌本質，後者才是最重要的。為此，我向來著重在一絲不苟地將我們的公司文化

傳遞給品牌團隊。例如，如果有新員工加入行銷部門，我們會提供他一段全方位的觀察期，讓他能夠完全浸淫在品牌的基因中。這段期間，他會受邀到製作工坊和店面，與研發部門、採購部門等各部門的甜點師一起工作。就職頭幾週所接觸的事物將會成為他的個人素養、才能與知識，使其能夠更從容自在地融入品牌。

我們甜點師和許多其他行業一樣，人是一切的基礎。

我接下最初的管理職務時，由於從未學過，所以也沒有任何管理概念。我依直覺行事，結果卻是災難一場。當時我的腦海中只有一個確切的念頭：我的甜點的原創性和品質，其他的都不重要。我非常剛愎自用、易怒，而且超級討人厭，這樣說還嫌保守呢！但我很快就發現這樣是行不通的。我退一步分析問題，發現我的管理方式不對。我吹毛求疵、批評、大吼大叫。簡而言之，我只會要求但幾乎沒有或毫無付出。這讓我瞭解到，若希望人們展現最好的一面，那麼自己就要先做到。

這就是我到馥頌後開始做的事。來到這間大公司，面對既有的團隊，我發現自己可以料想到他們是什麼樣的人：有些人有舊習慣、有自己的節奏，沒必要擾亂他們。我「驚醒」其中幾個人，其他人則可以拿到退休金。不過也有許多年輕人，其中幾人非常積極。我把他們推到極限，帶他們品嚐巴黎的甜點，和他們喝酒暢談壯志和願望。總之，即使，甚至在非常不一樣的人之間，也要創造團隊精神。我很快就看到成果，讓我相信無論領導者是誰，都要為團隊的運作與協同作用負起重大責任。

之後，我總是努力瞭解人們，以便進一步激發其動力，並符合全體利益。首先是因為我對其他人很感興趣，我想要也需要知道每個眼神、個性、每段過去背後的含義。再者，如果你身體力行分享、尊重，全心投入工作，不僅關注共事者的職業背景也關心他們的喜怒哀樂，那麼他們很有可能會報以相同態度。這不代表我們的工坊中總是一切順利，但確實有幫助，即使氣氛緊張也是！

在我眼中，尊重同事的工作是基本的價值觀，代表他們值得我坦誠相待。這種必要的誠實可能會造成棘手的狀況。有時候我不得不要求員工更專注，採取較積極的心態，或三思我的意見。我試圖用能夠幫助他們成長進化的方式做這件事。如果巧克力橙條（orangette）或馬卡龍很好吃，而且通常如此，我會立刻指出，並且面對面、透過電話或電子郵件清楚表達。但要是甜點或蒙地安巧克力（mendiant）搞砸了，我也會直話直說，否則員工要如何相信我的意見？

我覺得對人大吼大叫似乎適得其反，而且會令對方更氣。我寧願和他們一起追根究底，如此對大家都有好處。尋找食譜中出錯的地方時，我們就是在統整出製作、烘烤、食材等各方面的新資料。我們每天都在信心滿滿地一起學習。

公平對我來說尤其重要，因為我的要求極高。這和一般人誤以為的不同，並不代表完美主義。其實我痛恨完美，那強調的是過度機械化、過於執著的觀念。完美就像收藏，會讓人變得病態！我偏向注重細節，這更活潑有生命力，表現也更好，能讓品質要求極高的我感到滿意。

我的員工都知道，這種要求是我職務的關鍵，也常常是他們被 Maison Pierre Hermé Paris 吸引前來求職的原因。因此他們明白，無論我的意見是正面還是負面，都不會毫無道理。反之，我的意見很受支持。我花費許多時間解釋、辯論、表達有建設性的批評，我的責任就是盡可能提供員工許多資源：我們在此交流、教育和傳承，對我而言非常重要。也許這解釋了何以品牌的幾位重要支柱，如米凱耶・馬索里耶（Mikaël Marsollier，技術專員，他是我記憶的一部分了）、理查・勒杜（Pierre Hermé在日本的ＣＥＯ）、莎賓娜・祖祖（Sabrina Zouzou，財務長）、艾芙琳・佩隆（Evelyn Perron，平面設計主管）、克里斯多夫・德拉皮耶（Christophe Drapier，日本部行政主廚）和賽巴斯汀・克拉維利（Sébatien Claverie，負責生產的副總經理）都和我一起工作二十多年了。雖然他們的忠誠令我很榮幸，最令我高興的是他們在工作中找到個人成就感。我認為這是在品牌名聲之外，真正留住他們的原因。我們始終致力於加深彼此對這個行業的創造、卓越與熱情的合作關係。整體而言，我們的關係很真誠友好，也是有建設性的。

然而，自從新冠肺炎爆發，我們和許多公司一樣面臨招募困難，因此我正在思考能夠留住並激勵年輕員工的新概念。我和人事部經理一起為此努力。創辦品牌以來，我見證了許多人以單純的甜點師身分進入公司，創造了了不起的職業生涯，例如理查成為我們在日本的老闆。身為公司的領導人，我希望新進員工也會擁有這些機會！

磅蛋糕與發展

這些創業與人性的冒險旅程，對過去和現在的我都是寶貴的經驗。二〇〇〇年初，這些經歷讓我和前合夥人夏爾勒・茲納堤建立起我的同名品牌。長久以來，我們都是憑直覺和感覺行事，對我們來說也還算成功。在經過一段搖搖欲墜的時期後，我們在巴黎的第一間店總算重整旗鼓。第二間店於二〇〇四年在 Vaugirard 路問世。這段期間，日本方面的業務也持續擴展。二〇〇〇年在伊克斯皮兒莉的甜點店開業，五年後我們在東京青山的**旗艦店**開幕了。店面占地三百平方公尺，有茶沙龍、巧克力吧、甜點櫃……至今仍是我們全球最大的實體店。旗艦店開幕顯示了急速成長的開端。事實上，二〇〇六到二〇一二年間，我們在日本共開設十個店面與櫃位，擁有超過二十個販售點。

我們的事業蒸蒸日上，也盡可能跟上腳步，以為一切都非常順利。現在要處理的是指數型成長，因為很快地，我們便不得不想辦法供應更多甜點。巴黎 Vaugirard 路的工坊太小，位於 Bonaparte 路店面地下三樓的工坊（上面幾層負責完工），則費勁製作所需數量的巧克力。日本那邊也面臨同樣的問題。除此之外，在我們事業發展的這個階段，注意到明確關鍵的一件事：馬卡龍讓人趨之若鶩，而且遠比散發「高級甜點」氛圍的蛋糕更容易製作與出口。馬卡龍的另一項優點，就是能夠保存好幾天。最後，我想特別指出一點，以打破業界視為禁忌的事：馬卡龍需要經過冷凍才能達到最佳質地。冷凍再解凍的過程中，內餡和餅殼之間會產生滲透作用，使夾心更香濃柔潤，表殼多了脆口度。此外，冷凍也讓馬卡龍得以運送。

在這些不同因素的推動下，我們浮現打造一間工廠的念頭，在那裡製作馬卡龍、磅蛋糕、巧克力與其他糖果。於是我們開始尋找理想地點。二〇〇七年，我驚覺自己正在巴黎和阿爾薩斯之家（Maison de l'Alsace）的老闆貝納・昆茲（Bernard Kuentz）討論提案，這絕非偶然。他幫我聯絡上CAHR（上萊茵省經濟活動委員會，後來改稱ADIRA，即阿爾薩斯發展事務所），該組織負責支持想在該地區落腳的公司。其中一名相關人士帶我參觀一間靠近米盧斯（Mulhouse）、位於維特奈姆（Wittenheim）停業的巧克力工廠，我們決定在那裡設置製作工坊。起初，我們將巴黎團隊的其中幾人調動到新工坊，負責傳授知識和技藝，不過隨著時間過去，維特奈姆的團隊有八〇％都是阿爾薩斯人。

買下這間工廠顯然會存在財務風險，但我們必須承擔風險，才能走得更長遠。此外，我們的銀行也能完全理解，為我們投入資金。事實上，工廠幫我們度過了難關，新的生產地點使我們得以在法國和國外開設店鋪。如果「只」供應馬卡龍、巧克力和磅蛋糕，那麼販售點就不需要配備廚房或甜點師了。因此我們能夠在巴黎、史特拉斯堡、尼斯、杜拜、泰國、卡達、沙烏地阿拉伯、韓國、澳門、英國、香港，甚至亞塞拜然開店。

其中許多店面仍屹立不搖。其他的則由於各種因素而無法繼續經營，比方巴庫或首爾等地變幻莫測的經濟與政局變化。

雖然展店占據我一部分的心思，卻從未被商業事務壓垮，當年大部分是由夏爾勒．茲納堤負責。對我而言，最重要的莫過於創作甜點。在顧客熱情正面的意見回饋刺激下，我在其中找到一片沃土，並在這些歲月裡孕育出大量甜點、馬卡龍、巧克力、冰淇淋……

我的工作中，逐漸浮現兩大主線。

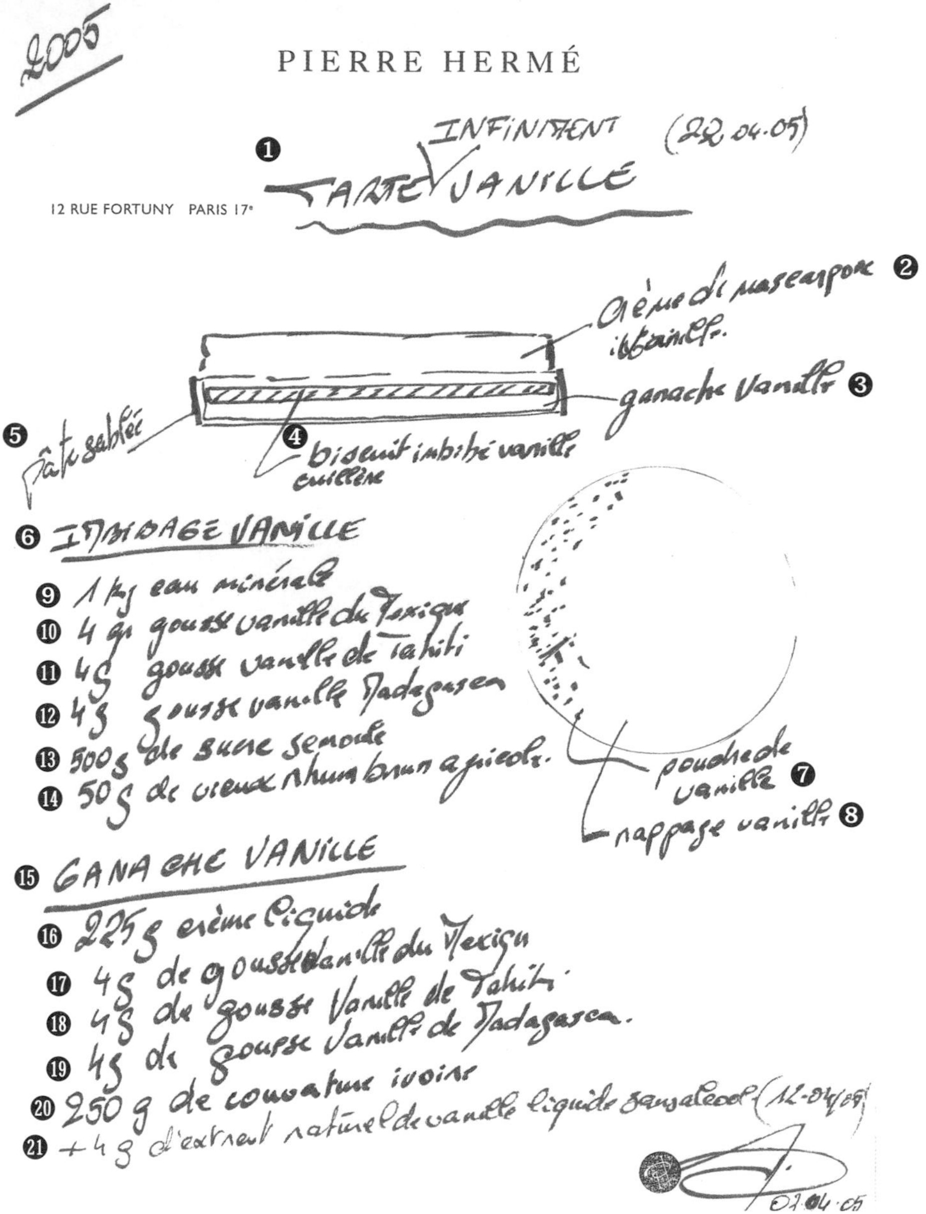

❶ 無限香草塔
❷ 香草馬斯卡彭奶霜
❸ 香草甘納許
❹ 香草液浸潤的海綿蛋糕
❺ 沙布列塔皮
❻ 香草浸潤液
❼ 香草粉
❽ 香草淋面
❾ 1 公斤礦泉水
❿ 4 公克墨西哥香草莢
⓫ 4 公克大溪地香草莢
⓬ 4 公克馬達加斯加香草莢
⓭ 500 公克細白砂糖
⓮ 50 公克農業型陳年褐色蘭姆酒
⓯ 香草甘納許
⓰ 225 公克液態鮮奶油
⓱ 4 公克墨西哥香草莢
⓲ 4 公克大溪地香草莢
⓳ 4 公克馬達加斯加香草莢
⓴ 250 公克調溫白巧克力
㉑ ＋ 4 公克天然無酒精香草精

8 探索

味道與詮釋

第一個路線，就是我對風味組合永不滿足的追尋。我固然打從一開始就秉持這個方向，但我在這方面走得越來越遠。創作風味組合已經無法滿足我，如果我認為某些組合很成功，那麼我就會以不同的方式詮釋它們。伊斯法罕就是一切的開端，很明顯是許多事物的起點。推出這款馬卡龍甜點不久後，我發想一道稍微複雜的果醬，有著展現伊斯法罕三重香氣的兩種質地：荔枝玫瑰果醬，上層是覆盆子果醬。

為了實踐這項小小的技術挑戰，我請來多年好友兼「好姊妹」克莉絲汀・法珀。克莉絲汀是出色的甜點師，在位於下莫什維爾的家族事業中工作，她做的果醬是世界第一美味，布萊德・彼特（Brad Pitt）某天還特地搭直昇機到這座阿爾薩斯小鎮，只為了買下所有口味的果醬呢！完成的伊斯法罕果醬不僅好吃，也很漂亮，在紅色和裸粉色的細膩漸層之間，呈現出兩種半透明的質地。這讓我想以其他形式詮釋伊斯法罕的風味，像是雪酪、可頌，巧克力磅蛋糕也可以……

隨著時間過去，我對這種手法越發入迷。以一種新口味打造不同甜品家族中的各色產品正在成為一種工作模式。起初我是下意識地做，不過這種工作模式越來越有組織性後，成為我創作中的主線之一。是時候讓它成為一個獨立系統了。

這就是迷戀，不是嗎？

可可・香奈兒曾說：「潮流易逝，風格永存。」

寫下這些我最喜愛的風味組合時，我找到了自己的風格。現在必須為它命名了。二〇〇六年和夏爾勒在腦力激盪時，性感又優雅的「Fetish」（中譯：迷戀）一詞在我的腦海中浮現。

「Fetish」系列是我的招牌甜點，也是品牌的支柱，是從將近四十年前開始的工作，經過深思熟慮而且整體均衡完整，至今仍不斷演變與融入新事物，如今可說是甜點業中極為重要的文化遺產，在業內無人可比。

「Fetish」系列的誕生，總是源自於我認為很完美的風味組合，例如：

- 玫瑰＋覆盆子＋荔枝＝伊斯法罕
- 奶油乳酪＋柳橙＋百香果＝綢緞（Satine）
- 草莓＋開心果＝蒙特貝羅
- 草莓＋大黃＋百香果＝瑟蕾絲特（Céleste）

- 櫻桃＋開心果＝馬賽克（Mosaïc）
- 牛奶巧克力＋百香果（＋烤鳳梨）＝莫加多爾
- 牛奶巧克力＋榛果＝甜蜜的愉悅
- 巧克力＋焦糖＝圓滿（Plénitude）
- 黑醋栗＋香草＋紫羅蘭＝渴望（Envie）
- 栗子＋綠茶＋百香果＝莎拉（Sarah）
- 栗子＋洋梨＝致敬（Hommage）
- 黑巧克力＋日本柚子＝蔚藍
- 椰子＋鳳梨＋新鮮香草＋青檸＝維多利亞
- 蕎麥＋雪松子＋新鮮香草植物＋松針＝艾絲黛拉
- 橙花＋蜂蜜＋檸檬＋柳橙＝世界庭園

每一種口味的起始「載體」通常是甜點，不過也可能是馬卡龍，莫加多爾就是一例，或是多層蛋糕，如「仙境」的直系後代伊斯法罕……

起初，「Fetish」是以不同類型的產品重新詮釋的口味系列。不過後來也變成從不同「類型」衍生而出的各個家族，像是聖多諾黑 Fetish、巴巴 Fetish、千層 Fetish、磅蛋糕 Fetish、甜塔 Fetish 等。

當然啦，這種已經在品牌中固定下來的工作方式，可以依照季節和我的要求變化我們的經典產品。

不過「變化」一詞有其限度，應該說我是在重新詮釋招牌口味。因為以同一款風味組合製作甜點、馬卡龍、磅蛋糕、果昔或冰淇淋，所需要的技術是截然不同的。

事實上，每一次的「詮釋」我們幾乎都是從零開始。我承認，我在成功做出滿意的伊斯法罕磅蛋糕之前苦惱了非常久。一開始沒辦法加入荔枝，因為果肉會出水使麵糊太稀。所以我直接把荔枝從配方中拿掉了……而且沒有任何人發現，原因是荔枝的香氣與味道和玫瑰一樣。

不過我還是繼續尋找最好的解決之道。某次供應商讓我試吃品質絕佳的乾燥荔枝時，我終於找到方法了。我將乾燥荔枝加入磅蛋糕，自此，它才是名符其實的伊斯法罕磅蛋糕。

同一時間，我想要以巧克力糖的形式詮釋伊斯法罕的香氣，碰上再明顯不過的障礙，但是必須設法解決：三種味道（玫瑰、覆盆子、荔枝）加入巧克力後就變成四種味道了，解決方法是精心調整食譜，以免讓原本的口味走樣。因為食材在巧克力中會以不同方式展現風味，而且還是黑巧克力呢。甜點版的伊斯法罕包含柔滑的玫瑰奶霜、荔枝果肉與新鮮覆盆子，巧克力糖則以玫瑰荔枝果泥與覆盆子巧克力甘納許組成。因此，每一次詮釋都需要以不同且全面的角度檢視，藉此突破技術與口味上的障礙。當然也有效果不理想的時候，維多利亞就是一例。這也是風味的冒險。

我一向會為甜點取名，有時候是人名。一開始的原因當然是方便長期編列清單與紀錄。

後來，這變成一種趣味。我會隨機從一本書、一首詩、一種情感等，從中隨機挑選命名。我很喜歡有神話淵源的名字，像是希里安（Célian）或德里亞特（Dryade）；我也喜歡有特定發音的名字，例如阿利亞（Aria）或瑟蕾絲特（Céleste）；帶有某些含義的字，像是「こころ」（kokoro，日語中的「心」，意思是靈魂和精神）或奧爾楚（Ortu，科西嘉語的「庭院」之意）。看見或聽見某個喜歡的字時，我就會用手機記下來。我有幾十個庫存呢，像是Franquette、Onde、Talisman、Goutte de ciel、Hygge、Salento、Cocora……由於我也喜歡透過字詞賦予甜點意義，未來可能會出現「矛盾」（Paradoxe）這種名字，因為讓彼此對立的元素共存，能賦予它們新的意義，就像街頭服裝的設計師，或是重新詮釋遊樂場販售的焦糖花生的知名主廚。這是當代奢侈品中的某種理念，將符碼放入不同情境以改變它們。在甜點中，這可以是結合出了名「不好吃」的風味做出可口的東西。我還沒找到好點子，因此暫時擱置一旁。通常在我不特別留意的時候，就會找到點子了……

話題回到既有的甜點上。我記得選擇了地名「蒙特貝羅」，同時開啟了新世界。我偶然想到這個位於倫巴底大區的城鎮名字，一八五九年的第二次義大利獨立戰爭期間，當地曾經是有過一場戰役。我覺得這個名字很美，便將剛完成的甜點以之命名。無巧不巧，幾個月後，一名風度翩翩的男客人到我們的其中一間店說：「我是蒙特貝羅伯爵，即將在威尼斯結婚，希望您能在現場製作這款以我的名字命名的甜點。」我們當然欣然答應啦！

而「致敬」這個甜點的名字，則是為了紀念加斯頓・雷諾特。我為他工作時，他的栗子洋梨冰淇淋真是令我驚嘆。我花了很長時間試圖以蛋糕重現這個口味，卻傷透腦筋，因為重現記憶是極度困難的事，更不用說洋梨在甜點中向來難以處理。我終於成功做出滿意的成品時，不用說，當然取名為「致敬」囉。

也有一些人成了我甜點名稱的靈感來源，像「莎拉」就是一例，那是我早期合夥人之一的女兒。「艾拉」（Ella）的由來也一樣，這款甜點雖然不是「Fetish」的一部分，卻害我和某任前妻上演一齣婚姻心理劇！我為了討魅力十足的女演員艾沙・齊柏斯汀（Elsa Zylberstein）歡心而設計這款甜點，只因曾與她在友人家共進晚餐。那晚我們談天說地、交換電話號碼，吃餐後甜點時，她要我答應特地為她創作一款甜點。必須承認，我確實是懷著某種獻殷勤的心態做這件事。那款甜點的外型是非常性感的圓頂（純屬巧合），由橄欖油沙布列、生熟紅色水果和檸檬奶霜組成。想當然我在把甜點獻給這名可人的年輕女性之前，就將其命名為艾莎。當時的妻子非常、極度不以為然。她像頭母老虎般妒恨，大吵大鬧到讓我只能將甜點改名為「艾拉」（Ella）以換回平靜的日子。也才差一個字嘛……

要總結 Fetish 的部分了。我要說的是，即使我們不是唯一一間販售代表性蛋糕的甜點店，也絕對是唯一、至少是第一間重視風味組合，使其成為台柱的甜點店。最好的反例證明：Dalloyau 遠近馳名的歐培拉確實是經典中的經典，然而卻只有蛋糕形式，反觀我們的 Fetish，像是「莫加多爾」、「綢緞」或「圓滿」，都有各式各樣截然不同的形式：磅蛋糕、甜點、馬卡龍、果醬、巧克力、飲品、甜麵包或冰淇淋等。

風味與無限

我在創作方面挖鑿出第二條主線，那就是盡可能以最理想的方式強調單一風味。這或許顯得很簡單，不過我沒認識幾個這麼做的甜點師，也就是公開甜點的組成構造、口味，並詳細列出食材的不同產地。或許是因為這麼做必須花費多年的研究才能得到最出色精彩的結果吧！我第一次決心認真鑽研開發時，是以香草為主角。這說來話長……

香草莢與人生

對大部分人以及身為甜點師之子的我來說，香草的味道既基本又稚氣，令人想起熱牛奶、早年的甜點、家庭式蛋糕，簡單來說，就是兒時的香甜滋味。然而，我開始當學徒後才認識真正的香草，因為一如同年代的甜點師，我的父親只使用香草精。一九七六年，當我在雷諾特第一次看見肥美油潤的香草莢時，我驚訝得目瞪口呆，因為我根本不知道世界上有香草莢這種東西！從那時候起，我一直想找到心目中最完美極致的香草風味，一種超越我的味蕾與記憶的味道。我花了二十九年才找到……

與此同時，我認識了無數香草產區，其中某些是我意想不到的。我曾長年使用馬達加斯加和留尼旺的香草。有段時間我有點沉迷於大溪地香草，不過最後放棄了，因為香氣太濃郁奔放了。我覺得它太自命不凡，不惜一切要誘惑我，所以我也叫它「吊帶襪香草」。總之，我就是圍著香草味團團轉。香草讓我心癢難耐，但又不太清楚該從哪裡下手以實現我的目標。有趣的是，二〇〇五年一場在龐畢度中心的伊夫・克萊因（Yves Klein）展，竟幫我解開這個難題。我激動又震撼地離開展覽，滿腦子都是克萊因作品中的神秘藍色，我感覺自己極度需要瞭解他究竟如何創造這個顏色。於是我得知他的色料供應商是一間叫 Édouard Adam 的店，坐落在蒙帕納斯的 Edgar Quinet 大道上。一九五四到一九五五年間，克萊因請店家給他看所有藍色顏料，以便他調配出自己的藍。他排除了波斯藍、普魯士藍和其他鈷藍，最後在一種群青色料前眼睛一亮；工匠將這個色料與乙酸乙烯酯和醇類溶劑混合，創造出這個令克萊因喜出望外的顏色。藉由一連串輕微碰觸所帶來的啟示，對我而言有如一記當頭棒喝：這就是我要用來組成香草的方式！我立刻和尚－米歇爾・杜里埃討論這件事，他可是最熱愛香料與香氣的行家，對我採取的瘋狂作法顯得非常開明。

「我想要創造一款能把香草提升到全新層次的甜塔，不過這樣我就必須把世界上的香草都試過一輪。你能幫我嗎？」

「應該可以！」他回答我。

幾個月前，我認識了蘿倫絲・凱耶－拉瑟柏（Laurence Cailler-Larcebeau），她是了不起的採集者和行家，讓我和尚－米歇爾試吃全世界的香草：墨西哥（香草的發源地）、留尼旺、科摩羅群島（Comores）、烏干達、剛果、印度、東加王國、大溪地、巴布亞新幾內亞……我不知道光是熱帶攀緣藤本蘭花的果實就有這麼多種。

為了進一步篩選，我想要以類似調香師製作試香劑（jus），或像克萊因畫單色畫的方式進行。我以馬斯卡彭奶霜為中性基底，然後用這些香草莢為每一份奶霜增添香氣。試吃的結果實在太令人著迷了，某些香草帶有煙燻、皮革甚至動物氣息（烏干達），有些偏巧克力香氣（剛果），有些則纖細且帶有花香（巴布亞新幾內亞）。漸漸地，我的鼻子和味蕾把我帶往三個種類：

- 墨西哥香草，帶花香和巧克力氣息
- 馬達加斯加香草，偏木質調，有甘草與果乾香氣
- 大溪地香草，肉感濃烈，略帶八角香氣

我以相同分量混合這三種香草，總算做出我的香草了！

過程中我學到一課：幾年前因為過於濃郁而被我排除的大溪地香草再度引起我的注意，事實證明，它是不可或缺的香氣基調，能讓整體組合更上一層樓。

以這個組合為出發點，讓我得以在香草風味上更進一步，加入少許蘭姆酒和雪松製成馬卡龍，是專為嬌蘭推出的「禁忌香草」（Spiritueuse Double Vanille）香水所設計。單獨使用，則做成縈繞在我心頭的香草塔。我希望這款甜塔非常純淨，彷彿一張白紙，讓香草在上面恣意綻放揮灑：

沙布列塔皮、香草液浸潤的海綿蛋糕、香草白巧克力甘納許，以及香草馬斯卡彭奶霜。最令我開心的莫過於別人告訴我，這款甜塔展現香草最「真實原本的精髓」，因為這就是我唯一的目標！

為了達到這個目標，五百公克的奶霜中，我們使用十二公克香草（約六根香草莢），超過一般英式蛋奶醬的六倍。人就是這樣，一旦喜歡就不會計較了！完成甜塔後，就剩下取名了。不過要怎麼用文字傳達如此濃郁的味道呢？我們考慮過一〇〇%香草、純粹香草，但我覺得這些提議既無聊也不優雅。直到有一天，我的腦海中突然跳出一個比較詩意的點子：連結「無限」和「香草」，就會得到一個漂亮的詞組啦。無限香草（Infiniment Vanille）就此誕生。

這份以香草為中心的研究使我想以相同手法處理咖啡、檸檬、榛果、草莓、小橘子……這麼多農產品，所有的風土和品種都值得探索，目的是以和品質相稱的創作詮釋。因為以品評和分析的眼光看待農產品時，就可以走得更遠。我甚至會說「無限地」遠……諸位將會明白這一點：因為「無限地」一詞充分傳達出我要展現食材至美妙面向的想望，這個副詞完全符合我以單一風味為中心所設計的創作。

在這個領域中，我的作法是深入瞭解某樣食材，試圖看清其中奧祕，捕捉其精髓。透過認識許多人，這個心願得以不斷實現。

咖啡方面，我要大大感謝「咖啡樹」（L'Arbre à Café）創辦人伊波利特・庫爾蒂（Hippolyte

Courty）的專業。如此高貴的農產品，卻常常被甜點界輕忽。我見過太多以劣質即溶咖啡和咖啡精製作的閃電泡芙或修女泡芙！整體而言，我們以為咖啡的味道是眾所周知的，事實上卻沒有被好好瞭解。大約十年前，我吃足苦頭瞭解到這一點，當時我讓伊波利特試吃已經推出很久了的無限咖啡塔（Infiniment Café），使用優質咖啡製作，總之當時我是如此以為……

「這個配方很好……」他很禮貌地說。

我很清楚有些地方做錯了。

「可是？」我問道。

「可是吃不出我在咖啡中追求的細膩和層次。」他說。

從那時候起，我請他教我所有關於咖啡的知識、品種、莊園、果實、烘豆、沖泡等。我們一起做了很多研究。經過這些教學的充實，咖啡在我的味蕾上激起無法滿足的新感受，於是我創作以如此強烈又細膩的香氣為中心的一系列新作品。事實上，伊波利特完全顛覆我的「知識」，那些只不過是對有「黑金」之稱的咖啡的偏見。

首先，我瞭解到讓咖啡綻放香氣的唯一可行方式，就是放入液體浸泡。液體可以是水、牛奶、鮮奶油，溫度冰涼或最高35℃，因為咖啡已經經過烘豆，不應該再次加熱烹煮。

我還認識了綠咖啡，這是咖啡樹的果實「咖啡果」果核中的種籽，也就是烘豆前的咖啡豆樣貌。質地意外的硬，散發淡淡的植物香氣，帶有溫和無苦味的咖啡味道。我搭配留尼旺的波旁尖身咖啡製成馬卡龍，這個品種非常少見，散發細緻的紅色水果氣息。伊波利特也讓我品嚐了其他頂級咖啡，像是巴西的伊帕爾（Iapar）紅咖啡，圓潤濃郁，帶巧克力氣息。這讓我想要製作能夠忠實重現這種咖啡的磅蛋糕。我費了好一番功夫才達到成果。透過將磨碎的咖啡豆浸泡溫奶油，並在磅蛋糕出爐時塗刷咖啡浸潤，我們辦到了。我為此非常自豪。唉，但是在店裡卻完全賣不出去，甚至是一大失策。真可惜，因為搭配熱巧克力真的美味極了……

幸好同樣以巴西伊帕爾咖啡製作的無限咖啡塔大受歡迎。不得不說，這款甜塔相當忠於我最初的概念，靈感來自維也納咖啡，上面的鮮奶油會吸取咖啡的味道。極度滿足口腹之慾又不會太甜，是對這項高級食材的誠心致敬。聖多諾黑、閃電泡芙、摩卡、可頌、沙布列、冰淇淋等都是。

其實，對咖啡產生興趣時，就再也停不下來了！我還開始研究咖啡飲品的世界，甚至開設特定的空間以向吧檯手致敬，和他們一起打造我們的濃縮咖啡、卡布奇諾、摩卡咖啡等……全都以無限細心研磨、秤量、製作。和甜點師的行事如出一轍。

運輸與枸櫞

甜點是與農業有關的行業，這無疑是最令我著迷的地方。像這樣盡可能造訪農產品的群落生境並接觸種植者，讓我學到很多。身為高級甜點職人與推廣者，我的使命之一就是要踏上漫長旅途以獲得可供我使用的農產品新知識。

這項原則帶我從法國各省，一直到最遙遠的世界彼端，主廚侯曼・梅德（Romain Meder）讓我在塔恩－加龍省（Tarne-et-Garonne）找到出色的蘋果農夫，亞尼克・柯倫比耶（Yannick Colombier）讓我在科西嘉島發現美味的柑橘，甚至到哥倫比亞認識咖啡、酸漿或是刺果番荔枝的種植。我會定期造訪哥倫比亞以持續瞭解咖啡，因為我認為自己對這個領域的知識還不夠。

至於柑橘，我開始上手了。我向來熱愛運用柑橘，也已經在亞洲認識出色的品種。不過對科西嘉島（還有一位科西嘉女子）的愛，讓我更深入瞭解該地區的柑橘。小趣事：感謝科爾泰附近的索維利亞（Soveria）的糖果店 Saint-Sylvestre 創辦人馬賽爾・桑提尼（Marcel Santini），多虧他我才能認識我的妻子薇樂麗，桑提尼長年為我提供品質絕佳的糖漬柑橘皮。此外，二〇一三年時，他問我是否能贊助料理藝術節（Art'è Gustu），這是由一位名叫薇樂麗・梅爾梅（Valérie Mermet）的女性籌劃的科西嘉料理活動，我欣然答應了。近年來我都在博尼法喬（Bonifacio）度假，開始喜歡上當地生產的食材，很期待能夠一親食材的芳澤。

沒想到我卻遇上另一種芳澤，意想不到、無法招架、天雷勾動地火。我抵達巴斯提亞（Bastia）時，馬賽爾和薇樂麗已經在料理活動地點等我。馬賽爾向我介紹薇樂麗，看見這位耀眼奪目的女子，某種不可思議的力量讓我一見鍾情。而且很幸運地，她也是。那一屆料理藝術節標示了我最美好的愛情故事的開端，故事仍在進行中，而且我深信會持續到永遠，因為我認為薇樂麗就是我的靈魂伴侶。

在無數大小事中，我最感謝的，就是她為我開啟家鄉科西嘉島的大門。二〇一七年我們在當地結婚，在那裡買了一棟房子，盡可能留在島上。一部分的我已經成為科西嘉人，這片土地強韌豐饒，連土壤都極為獨特。言歸正傳，或說言歸「柑橘」，因為國家農業研究院（INRA）和國際農業發展研究中心（CIRAD）就在這座美麗島上，位於東邊的聖裘里安諾（San Guiliano）。我常常到那裡欣賞樹木、水果，與研究中心的農業工程師交流，他們對柑橘瞭若指掌。那裡的柑橘種類獨步全球，是法國人在六〇年代阿爾及利亞戰爭後從北非帶回的柑橘所種植出的多樣性。十三公頃的土地上有數百種品種：枸櫞（cédrat，所有柑橘的「祖先」）、小柑橘、柳橙、檸檬、柚子、青檸、日本柚子、佛手柑、酢橘（sudachi）、臭橙（kabosu）等。在那裡工作的研究人員負責悉心照料、保存與發揚這個難能可貴的基因庫。他們也會進行自然雜交，這種「遊戲」非常迷人，能夠無限排列組合其中的品種，創造出全新的品種。雖然風味方面並非每次都成功，但還是非常有意思。至於科西嘉的土壤，則賦予某些柑橘獨一無二的特性。當地的檸檬就是一例，不同於其他生長在石灰質土壤的地中海檸檬，反而在島上的腐植質黏土中長得特別好。這種檸檬的含糖量高，香氣濃郁。我也希望科西嘉檸檬能在未來幾年內獲得地理標誌保護，跟上科西嘉小柑橘的腳步！

我最喜歡實地吸收這些資訊，因為資訊變得有血有肉、很有啟發性。我嚐到剛從樹上採摘的水果時，靈感就會自動湧現。必須承認，科西嘉島和我的科西嘉愛人給我的啟發尤其多。我的妻子使用蠟菊和枸櫞香氣的香水，這就是為何我自然而然地以香氣溫暖帶辛香料氣息的蠟菊搭配酸甜的枸櫞，並將其命名為「薇樂麗的花園」（Les Jardins de Valérie），原因很明顯嘛！

至於我非常喜愛的食材開心果，我從普羅旺斯好友奧利維耶．博桑身上學到很多。博桑是歐舒丹的創辦人，在當地大力推動生物多樣性，支持農民，幫助他們復育過去數十年為了種植有旅遊收益的薰衣草而被犧牲的當地樹種。

開心果就是在當地的農業轉型中深受其害的物種之一，因為它非常適應冬冷夏熱的普羅旺斯風土，該地氣候與開心果的發源地伊朗很相似。我對開心果做了許多研究，夢想在波斯闖地種植，可是目前還沒有機會。我知道有朝一日一定會到那裡，至少是為了伊斯法罕市長的邀請。二〇一六年我在巴黎藝術學院見到他，由於我的同名甜點廣受喜愛，發揚了伊斯法罕，因此他頒給我伊斯法罕榮譽市民的頭銜！這讓我非常感動，讓我更想認識這座魔幻建築之城。我一定會趁這個機會見見開心果農人。

伊朗種植開心果的歷史長達數千年，特別是東北部。果實成簇長在樹枝末端，直到夏末才會成熟。有人告訴我，如果在樹下聽見開心果的「樂音」，那是果實外殼打開的輕微喀喀聲，表示可以採收了。我覺得這太詩意了，夢想可以在啜飲熱茶的時候經歷這一刻……尤其我心中最理想的開心果就是來自伊朗。雖然西西里開心果的味道很好，但是會讓甜點呈現棕色，因而不受客人青睞，加州開心果有漂亮的綠色，卻由於集約種植而滋味寡淡，伊朗開心果不同於前兩者，品質、價格、風味方面都是最好的選擇。

這種事情唯有深入核心才能學到，然而這些對我來說是最根本的知識。首先以風味的角度來看，不追求最好的食材，就沒有資格稱自己是高級甜點店。但是價格和商業方面也同樣重要，畢竟我們每年用掉的開心果超過兩千五百公斤呢！

冒險與可可

巧克力無庸置疑是我風味探索中最大的冒險，是製作甜點的重要食材之一，與奶油、糖、鹽、牛奶、香草、杏仁、麵粉、蛋、鮮奶油等同樣不可或缺。將近四十年來，巧克力一向是我在風味方面的主軸之一，陪我走了很長的路，而我也努力以最好的方式呈現巧克力。

透過深入認識可可豆，我發現一個充滿神奇香氣的世界，土壤、種植方式、氣候都會賦予巧克力各種細微的變化，就像葡萄酒一樣。可可有三大「品種」：法里斯特羅（forastero，最廣為種植）、千里達（trinitario）和克里奧羅（criollo，最少見）。

我從職業生涯早期就開始這麼做，發現巧克力可以如此美味迷人時真是一大驚喜！我發現的風味與最早和巧克力有關的記憶簡直有天壤之別；後者雖然好吃，卻和我如今喜愛的巧克力毫無共通點。孩提時期我最喜歡父親製作的翻模巧克力，無論復活節兔子或是降臨節日曆中的聖尼古拉都會讓我心情很好，而且我最愛吃脫模後仍沾黏在模上的殘留牛奶巧克力了。

後來在雷諾特當學徒時，我們使用 Lindt 或 Cocoa Barry 等特別為雷諾特調配的巧克力。如今這些品牌顯得非常普通，因為一如許多食材，這三十年來，多虧生產者、採購者與高水準的工匠，巧克力的品質已不可同日而語。

關於巧克力，我與可可豆的第一次接觸並不是在熱帶雨林，而是在坦－艾米塔吉（Tain-l'Hermitage）這個以葡萄園而非巧克力出名的城鎮！法芙娜公司落腳當地已經有一百年之久，掌控整個可可領域，從採購到商品化一手包辦。一九八四年，當我在現今改名聖克雷兒（Saint-Claire）的法蘭索瓦．克雷克工作時，我和主管受邀參觀法芙娜的工廠，以期進一步瞭解可可豆成為巧克力塊與其他「調溫」巧克力（更精緻、流動性也較高的巧克力，因為富含可可脂，經常用於甜點製作）的轉變過程。試吃的那一刻，我與巧克力的關係永遠改變了。

當年法芙娜只生產混調巧克力，可可含量最高介於六〇～六四％之間，兩年後才開始創造出當時全球最苦的巧克力瓜納拉（Gunaja），可可脂含量七〇%，徹底改變了甜點界。我以前吃過的所有巧克力感覺都很粗糙，相比之下，法芙娜的巧克力顯得細膩濃郁又明亮。

我詢問為何巧克力都是混調不同來源的可可豆（千里達、多明尼加共和國、牙買加、馬達加斯加、迦納、象牙海岸等），才知道這樣可以創造出相對均衡的味道。另一方面，這麼做還可確保味道穩定不變，畢竟可可豆是農產原料，每次收成的味道都會因為天候、耕作條件等因素而異。再者，若收成量少或品質不佳，就可用別的產地但香氣特性相同的收成補足。

可可對惡劣天候的敏感度令我相當驚訝。自然法則支配著可可，這點令我深深著迷。不過追求均衡的口味就不那麼吸引我，對我來說那顯得太圓滑了些。因此，九〇年代初期我求助於法蘭索瓦・帕魯斯（François Pralus），這名巧克力大師創下革命之舉：他在全世界挖掘可可豆，以此為原料催生了可可脂含量「高達」七五%的頂級純巧克力。我欣喜若狂地試吃這些巧克力，每一款都擁有鮮明的性格：聖多美（São Tomé）有辛香料氣息，爪哇則散發香蕉香氣……品嚐這些巧克力為我指出一個明確的方向：我不會再做「巧克力」甜點了，而是要做不同的甜點，每一款甜點都會以自己的方式將不同產區的巧克力提升到新的境界！

在拉杜蕾時，我以「丘奧」甜點開始這項志業，在這款甜點中結合黑醋栗與特級丘奧巧克力，後者是克里奧羅品種，帶有木質調氣息與果香，從此這份志業再也沒有停止過。這不表示我不喜歡混調巧克力，恰恰相反……如果混調巧克力很優質，那我一定是第一個使用者。證據就是，一九九三年時法芙娜結合厄瓜多和迦納的可可豆，推出吉瓦那（Jivana）牛奶巧克力，激發我「蛋糕上的櫻桃」的靈感，以及從這款蛋糕延伸出的「甜蜜的愉悅」，兩者都是我的代表作。

我在心中將巧克力分成兩種類型：極度可口的牛奶巧克力，尤其是搭配榛果，簡直是天作之合；黑巧克力，香氣如葡萄酒般千變萬化，令人感受到品嚐的樂趣。我固然自創混調的香草風味，不過那是因為沒有單獨一種香草可以令我完全滿意。巧克力則正好相反，各有特色，一種比一種更令人欣喜，這種差異正好就是我想要突顯的。

三十五年來，我常常與法芙娜以及該公司的每一任窗口合作。法芙娜也開始開發單一產區的巧克力，並透過旗下採購者發掘新產區的過程大幅改善這類巧克力。很快地，我們不再只說「委內瑞拉單一產區」，這個意思就像「法國葡萄酒」，而是開始加上莊園，就像我們會加上葡萄酒莊的名稱。愛酒人不會只談一款馮內侯馬內（Vosne-Romanée）葡萄酒，因為這個產區內還有其他的個性，這就是為何愛酒人會說：馮內侯馬內／瓜露特園（Goillotte，地塊）／菜刀酒莊（Prieuré-Roch，酒莊）／二〇〇六（年份）。巧克力也有點類似這樣，比方我會強調原產地（巴西）／產區（巴伊亞州南部海岸）／莊園（派內拉斯）。

我舉了派內拉斯當例子，因為這是我大量運用的巧克力（用於甜點、馬卡龍，以及單一產區巧克力片），不過我也可以談談一款秘魯巧克力，產自莫羅蓬省的農業區阿斯布羅伯（Asprobo）：這是我過去非常喜愛的巧克力，可惜後來可可豆的品質急遽下滑。還有馬達加斯加安紮維布（Andzavibe）的米羅（Millot）莊園，其所生產的孟加里（Manjari）巧克力帶有淡淡酸味，我用來製作甘納許與許多其他甜點。或是墨西哥單一產地巧克力，可可脂含量六四％，混合來自多個莊園（hacienda）的可可豆，由於展現出的香氣、濃厚感與苦味均衡，我們用來製作巧克力糖的外衣。這種巧克力的個性不會過於鮮明，能讓內餡的帕林內或甘納許展現風采，但又不失存在感。

有時我會被問到為何不自己生產巧克力。答案很明顯：我不擅長！從可可豆經過發酵、乾燥、烘烤、碾碎、混合、精煉等工序後成為巧克力後的風味，我不瞭解兩者之間的關係。「Bean to bar」（可可豆到巧克力片）的工作需要非常明確具體的專業知識與技術，從採購到烘焙都不是我的專業，但法芙娜、帕魯斯、瑪柯里尼、貝納頌（Bernachon）或杜卡斯等品牌在保留手工製作的同時又能達到完美：他們的可可豆先經過烘焙才碾碎，不同於那些較馬虎的品牌是先碾碎再連續烘烤，因此風味大不相同。

我從未考慮以「可可豆到巧克力片」的模式自行生產巧克力的另一個原因，是因為我們每年售出的巧克力超過一百二十公噸，這可不是小數量！此外，所有類型的巧克力加起來，法芙娜是我最大的供應商之一。用「夥伴」形容更適合，因為從九〇年代起，我們的工作往來一直都很融洽，彼此之間也不斷交流。我會依照他們擁有的可可豆調整甜點或巧克力糖的製作方式。另一方面，當我提出特殊要求時，他們也都會採納。

這種密切的合作始於九〇年代到千禧年之間。我總是纏著他們，針對這種或那種用途，要求特定的混調和單一產地巧克力。最後他們為我生產特定的巧克力。第一次是一種品質絕佳的丘奧。接著我不知死活地獅子大開口，要求高不可攀的巧克力：波瑟拉娜（porcelana）。這種克里奧羅品種原產於委內瑞拉，特色是白色豆體與絕妙的香甜氣息，而且非常嬌弱。不過我聽說法芙娜與一名在偏遠熱帶雨林中經營實驗農場的德國人合作，以支持生產波瑟拉娜……

「話是不錯，」對方如此回答：「不過產量太稀少，我們不會賣給專業人士的。」各位應該開始瞭解我了吧，我可是很固執的。最後終於成功取得幾塊巧克力，我記得它們是花的形狀。更棒的是，幾年後，也就是二〇〇八年，我和法芙娜那時的窗口去了當地。

那是我第一次到可可產地，無論從哪個角度看都是一次瘋狂的經歷。委內瑞拉的犯罪率居冠全球，我們無時無刻都被全副武裝的保鑣圍住，完全無法令人安心。但是我對可可的熱情遠超過遭遇非法武裝集團、販毒幫派與被綁架的風險。回想起來，我們當時真是太輕率了，然而我不後悔拿人身安全冒險，因為這趟旅行非常與眾不同。我們參觀了知名的佩德雷加（Pedregal）莊園，不惜一切代價地保存波瑟拉娜的品種純淨度。農場中的農人都必須進行一項非常艱鉅的工作：他們要鑽進下層植群的陰影處，親手為可可樹的花朵授粉，避免波瑟拉娜植株與其他品種雜交。自然生長的可可樹就會發生這種狀況。以如此複雜困難農法栽種的可可豆做成的巧克力，是我這輩子從未嚐過的滋味：纖細優雅、溫和甜美，細膩變化的香氣中又帶有一絲幽微的苦味，無比眩目，讓人難以忘懷！只可惜法芙娜沒能供應太久，因為不久後，委內瑞拉政府將莊園充公，從此便荒廢了。對如此珍寶般的植物而言真是太哀傷也太浪費了……

這趟委內瑞拉行，在全程被保鏢團團包圍下，我們一路往上到位於該國北部海岸的丘奧——傳說中的可可目的地。這座漂亮的小村莊其實是由四年一次選出的負責人管理的農業合作社。當地居民從十七世紀起便以種植可可為生。要到那裡，一定要走海路，因為沒有任何道路通往丘奧。我們擠在橘色的汽艇上，由於武裝保鑣的重量，還有……我的體重，小船只能吃力地前進。我們停靠在天堂般的海灘上，兩旁盡是椰子樹，被覆滿濃綠植被的群山圍繞。頂著濕熱高溫，我們穿過一片陰暗濃密的森林，林中有可可樹，在香蕉葉下獲得充分遮蔭。然後，眼前豁然開朗：來到村莊廣場上，一座藍白相間的教堂位居中央，周圍是色彩鮮豔的房舍。

教堂前一塵不染的廣場上，正在曬乾的可可豆排成一片片圓形。整個景色給我人間仙境的印象，美的不可思議。我和旅伴們遇見合作社的人、採收者、負責人、專事乾燥豆子的女性們。我從背包中拿出一個小保冷袋：多年來我將他們的可可變成甜點與其他甜食，因此堅持從巴黎帶來原味甘納許和黑醋栗內餡的巧克力糖，想讓丘奧的生產者品嚐。我自豪的要命，心想他們一定會對我的巧克力讚不絕口。然而完全不是這麼一回事……

「Gracias」（西語：謝謝）採摘工低聲說道，然後便轉身回到工作崗位。他們完全不在乎我的巧克力糖……怎麼可能！

女人們盯著我掩嘴笑起來。沒人想再吃我的巧克力，而且糖果在我眼前融化，我一定滿臉尷尬吧。

「您不喜歡嗎？」我問領導人。

「喜歡、喜歡，糖果很好吃。」他回答：「可是我們不會這樣品嚐可可。」

彷彿五雷轟頂！雖然他們興趣缺缺令我大受打擊、很是失望，但我並沒有被打敗，反而想瞭解更多。

「我們會將生可可碾碎後放入水裡品嚐。」負責人向我解釋，並且承認我用他們的可可豆做成的東西，在他們眼中顯得很奇怪。

「啊，原來如此。」我支吾答道。

那天我學到謙遜的教訓，還有品味文化的重要性。他們備製與享用巧克力的方式和我完全不同，但是那樣也很好。

幾年後，我到巴西的巴伊亞州參觀位於伊列烏斯（Ilhéus）附近的派內拉斯莊園時，總算扳回一城。那次也是與法芙娜的團隊同行，因為二〇一三年時，我正與他們開發我的單一產地巧克力片，而我尋找特別的產區。我們住在伊塔卡雷（Itacaré）的海岸，不過莊園卻在內陸的伊比拉皮坦家（Ibirapitanga）。莊園在當時與現在皆屬於一個富裕的巴西家族，他們在巴西擁有多個可可園。那裡和丘奧完全不同，自成一個巨大的生態系，農工和他們的孩子一起生活，在當地就學。幸好我帶了好幾公斤的巧克力，因為這一次大家都愛死了！總算挽回顏面……那是記憶中非常快樂的一天。孩子們幫我種下我的可可樹，那棵樹似乎長得很不錯，結出漂亮的果實。我常常想到那棵樹，尤其是我咬下一口這種巧克力時。每年我們的進口量高達八到十噸，製成巧克力片和馬卡龍。

其他種植可可的土地正等著我去探索。由於新冠疫情，到巴西參觀的計畫已經延後三年。我也必須到厄瓜多，好友皮耶－伊夫．康特（Pierre-Yves Comte）在那裡買了一座可可園：艾蓮諾莊園（hacienda Eleonor）。他和我一樣熱愛美食和可可，某次在我倆都是會員的知名「百人會」（Club des Cent）吃午餐時，他告訴我這件事。

「你覺得我們一起生產巧克力怎麼樣？」他對我說。

「還要問嗎？當然好啊！」我幾乎像孩子般歡呼回答。

我們的朋友關係竟催生出巧克力這種神奇的產物，這個想法對我來說太奇妙了。然而在製造出第一片巧克力之前，還有許多階段要跨越。事實上，為了能在符合我們要求的道德與生物條件下生產可可，免不了會碰上植物學、微生物、化學等各方面的狀況，已經超出我的專業領域了。

因此我求助於法芙娜，對如此大規模的製造商而言，這還是頭一遭。通常他們的專家會自行確認想要合作的莊園，然而現在卻是我向他們推薦農場，這令他們的生產過程變複雜了。不過基於長久的合作關係，尤其是位於可可樹原生地區的艾蓮諾莊園的可可豆品質，他們同意了。

法芙娜的品質標準被加入歐盟規範，使我們得以進口可可。障礙實在太多，我們必須見招拆招，最棘手的就是鎘含量。這是一種類似鋅的重金屬，可能出現於火山土壤中，例如厄瓜多的土壤。關於「可接受的」鎘含量一直是拉丁美洲和非洲可可生產國間爭論的議題，因為拉丁美洲質疑非洲國家遊說歐盟，使歐盟制定有利於非洲可可的嚴格標準。無論如何，在健康和品質方面，我們都有責任嚴格遵守法規。法芙娜的專業人士幫助我朋友調查莊園，找出鎘含量較低的地塊。

看著與皮耶－伊夫．康特和法芙娜攜手催生的可可從土地中長出，我內心激動不已，數年的耐心也值得了。現在就要盡我所能，以最好的方式展現這些可可最突出的風味，找出對的糖和口感。

我永遠不會厭倦巧克力，這是我最愛好的事物之一。除了變化細膩的香氣，巧克力的物理特性也非常迷人，像是熔點凝固。這種物質複雜、引人入勝、有生命力，需要探索和馴服，才能夠給予並駕齊驅的待遇。巧克力是必須認真以對的。

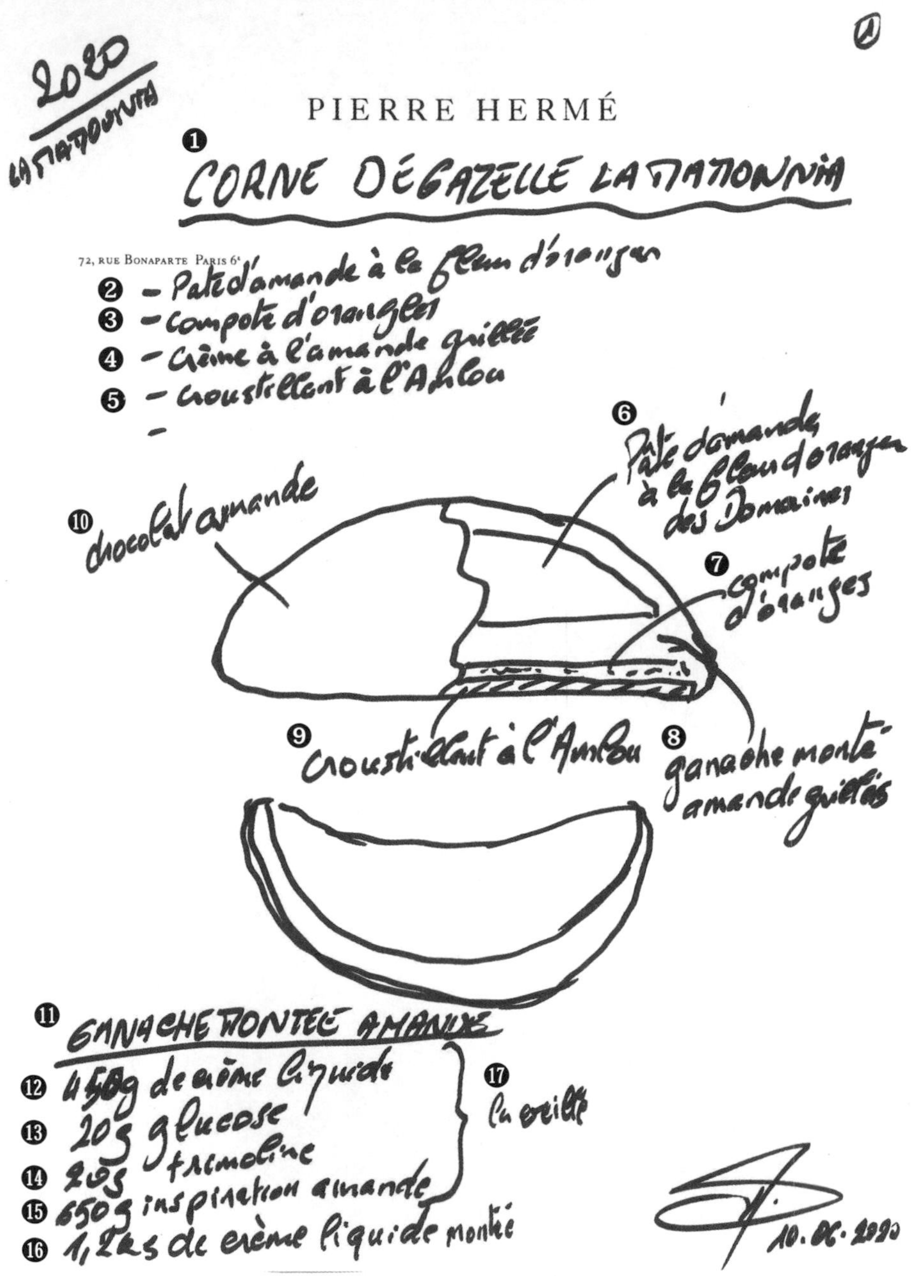

❶ 拉瑪穆尼亞羚羊角
❷ －橙花杏仁膏
❸ －糖煮柳橙果泥
❹ －烤杏仁奶霜
❺ －阿姆魯薄脆皮
❻ 摩洛哥農產橙花水杏仁膏
❼ 糖煮柳橙果泥
❽ 烤杏仁打發甘納許
❾ 阿姆魯薄脆皮
❿ 杏仁巧克力
⓫ 杏仁打發甘納許
⓬ 450 公克液態鮮奶油
⓭ 20 公克葡萄糖漿
⓮ 20 公克轉化糖漿
⓯ 650 公克法芙娜奇想杏仁
⓰ 1.2 公斤打發液態鮮奶油
⓱ 前一天製作

9 熱情

味蕾與花言巧語

我一直非常愛吃，應該看得出來吧？而我又要回到「重量」這個話題上啦！記者在採訪時，總會問哪些是我最喜歡的口味或最愛的料理。我真的給不出答案，因為我的好奇心太強烈，味蕾總是渴望新的味道，無法只認定一種風味。而且基於原則，我腦海中沒有任何固定不變的事物，因此不可能有最喜歡的口味。有待發掘的味道，就是我最有興趣的味道！

一如我所有創作中並不存在最偏愛的甜點，即使在吃伊斯法罕或無限香草塔，我有時也會想：「老天，太好吃了吧！」然而，有待發掘的味道才是我最感興趣的。

我心目中「理想的」一餐也是如此：定義上的可能性實在太多了，根本沒有理想這種事。

話雖如此，我還是能想起人生中在味道方面的最大驚喜。不同於大家的猜想，這些味道其實主要在鹹食領域，除了以下兩個驚為天人的美味：

◆侏羅省（Jura）聖克勞德（Saint-Claude）的貝納．普傑（Bernard Puget）製作的聖夏娃甜點（gâteau Saint-Ève）。貝納是甜點師，也是法國甜點協會成員。這款臻至完美的達克瓦茲，夾入無與倫比的帕林內奶油霜和手藝高妙的奴軋汀碎片，在我心中留下難以抹滅的記憶。可惜甜點店已經歇業，貝納在十年前就享受退休生活去了。

◆以白松露製成的甜點，出自艾蓮．達霍斯（Hélène Darroze）餐廳的甜點師克爾科．維特爾（Kirk Whittle）之手。其以蒸蛋糕為基底，加上杏仁馬斯卡彭奶霜以及阿爾巴（Alba）新鮮白松露，除了巧妙地駕馭強烈風味，這款甜點還有冷熱兩種口感的變化，令我為之瘋狂！我總是對克爾科和艾蓮說，如果這道甜點是我發明的該有多好。我不會讓步的！

從我懂事以來，美食就有我無法抗拒的吸引力。剛入社會時的薪水，一大部分都花在好餐廳上了。主廚們每每令我驚呼讚嘆，激盪出許多靈感，而且我也與其中多位主廚結為好友。我可以一一列出上千個餐廳的記憶，同時也是邂逅的回憶。

九〇年代初期，當我在摩納哥的路易十五（Louis XV）餐廳嚐到亞蘭．杜卡斯的料理時，有如醍醐灌頂。我認識亞蘭很久了，因為一九七六年我在雷諾特工作時，他曾在多層蛋糕工作站實習。但是真正帶我認識他創作的人，是我的前妻菲德烈珂。她在一九八二到一九八三年間認識亞蘭，那時他在瑞昂萊潘的瑞昂納餐廳（Juana）擔任主廚。這位才華洋溢的年輕人，二十八歲就摘下米其林二星，對這家飯店餐廳來說是頭一遭。

菲德烈珂非常欣賞亞蘭・杜卡斯的料理願景，曾多次到他的餐廳用餐，與他開啟了友誼與美食的交流。亞蘭飛機失事後住院一年，他是唯一的生還者，這段期間菲德烈珂經常去探望他。她會帶食物給他，兩人可以圍繞著料理、食材、各國食譜聊上好幾個小時……菲德烈珂以他們之間豐富的料理交流為素材，後來出了一本書，叫作《廚師的廚師》（*La Cuisinière du Cuisinier*）[11]。這是許多老饕的必讀經典，包括我在內，而且我仍常常用上這本書，尤其是深受亞蘭・杜卡斯喜愛的美味杏桃塔吉鍋。第一次嚐到這道料理時，是和菲德烈珂在蒙地卡羅（Monte-Carlo）氣派豪華的路易十五餐廳，身為主廚的亞蘭不到三年就摘下米其林三星。我還記得裹著無花果與栗樹葉子烹熟的鰈魚，深深打動著我。

此後我便定期回訪，因為亞蘭・杜卡斯以嶄新的手法處理高級料理。他以質樸的食材製作創新的料理，為地中海的風土增色許多。在他手中，即使他有時會以黑松露搭配根莖類蔬菜，卻不會蓋過蔬菜的風采，而鱈魚乾燉魚腸這類簡樸的漁民料理也能登大雅之堂。亞蘭・杜卡斯自成一格又有遠見，勇於嘗試一切並力求卓越，這正是他成功的原因！

比較經典的奢華料理方面，我記得巴黎 Ambroisie 餐廳的松露修頌（chausson aux truffes），出自貝爾納・帕科（Bernard Pacaud）之手。這道料理非比尋常，純淨至極，永遠會令我想起

---

11 1995 年由 Belin 出版，2011 年由 Alain Ducasse 再版。

帶我認識它的人：蘿珊・德布伊松（Roxane Debuisson）。這位女士非常了不起，特立獨行而且非常富有。她將這道修頌譽為世界第八大奇蹟不無道理。她是攝影師侯貝・杜瓦諾（Robert Doisneau）的朋友，也是商店招牌的收藏家，位於Henri-IV大道那有如博物館的公寓塞滿收藏品，蘿珊・德布伊松瘋狂愛著巴黎、以及巴黎的生活藝術與美食。

每天她都到高級餐廳吃飯，並邀請一名專業主廚或甜點師同行，如此才能與真正熱愛美食的對象分享佳釀與美饌。她只喝胡伊納（Dom Ruinart）香檳，只乘坐午夜藍的勞斯萊斯幻影外出。除了生性浪漫，她的味覺更令人甘拜下風，而且對料理藝術擁有淵博知識。蘿珊在住處定期舉辦她稱之為「主廚的小點心」的活動，每個人都要帶上拿手絕活。由於酷愛甜點，她邀請我與幾名同行出席她的甜點師茶會。蘿珊為我們的職業貢獻良多，尤其是在廚師與甜點師之間建立了友好情誼。蘿珊是公認的主廚教母，鍾情法國美食料理中的代表性菜餚，像是皇家酒燜野兔（lièvre à la royale）。

這道烹飪界的經典巨作，我有幸享用過好幾次。每當我回想起喬埃・侯布雄（Joël Robuchon）或菲德利克・安東（Frédéric Anton）的版本時，仍能感受到那股震撼。想到馬克・莫諾（Marc Meneau）在韋茲萊（Vézelay）Espérance餐廳的精湛鴿肉料理、賈克・馬克西姆在尼斯Negresco餐酒館的櫛瓜花鑲肉，或是保羅・敏切利（Paul Minchelli）在巴黎21料理的蘭姆酒小鮟鱇魚尾，也會勾起同樣的感覺。

最近我嚐到極為出色的松露套餐，是在尚－馮索・皮耶（Jean-François Piège）位於巴黎的 Le Grand 餐廳。他是法國最傑出的主廚之一，我們鍾愛葡萄酒的程度不相上下。

在令我感動並留下深刻印象的名廚清單中，安－索菲・皮克（Anne-Sophie Pic，Maison Pic，位於瓦倫斯）、馬丁・貝拉薩特吉（Martín Berasategui，餐廳在西班牙的聖塞巴斯提安）、紐約 Le Bernardin 的艾列克・里佩（Éric Ripet）、在澳洲雪梨與新加坡開設 Tetsuya's 的和久田哲也，他們的名次都非常前面。還有接任名廚弗列迪・吉哈德（Frédy Girardet）成為瑞士克里西耶（Cressier）的 Hôtel de Ville 主廚的菲利普・羅沙（Philippe），我在這裡有過絕佳的用餐體驗。

不過艾蓮・達霍斯（Marsan，巴黎）在我心中占有特殊的地位。我在九〇年代初期，也就是她在摩納哥擔任亞蘭・杜卡斯的助手時認識她的。後來她在巴黎的 Assas 路開了自己的餐廳，我常常到她店裡用餐，我們也因此成為很好的朋友。我很喜歡她的料理，就和這個女人一樣豪爽大氣。她的菜餚味道濃郁，但總是非常精確。我特別鍾情她的生蠔韃靼佐貝亞恩玉米豆（haricot-maïs du Béarn）濃湯綴魚子醬，對我來說，這就是海陸料理的登峰造極之作，深度與清新感之間的平衡堪稱完美。

我和布魯諾・韋魯斯（Bruno Verjus）也很親近，他的背景很令人意外。醫學院畢業後，他成為公司主管，然而對美食的不滅熱情讓他走回正途……並且拉近我們之間的距離。我們是在一九九二年認識的，從此不斷造訪了數百家餐廳，品嚐數不清的美食和佳釀。布魯諾是非典型廚師，完全自學，也是當代真正的食物思想家，曾在新聞業裡打滾、寫作，後來在巴黎開設自己的餐廳 Table，讓品質絕佳的食材更上一層樓。沒人比他更瞭解這些食材了。我很喜歡他的哲學，亦即懷著最高敬意處理食材，這為他在米其林指南奪得二星。看著他精準耀眼的料理，這份榮耀當之無愧。我想到他那簡潔俐落的蔬菜料理、「生意盎然」的生龍蝦，還有巧克力塔綴魚子醬與少許酸豆，其中的鑽石鱘魚子醬（osciètre）為巧克力增添一絲恰到好處的鹽味。這就是我但願自己能夠創造出來的甜點！

帶給我最大衝擊的美食當中，許多經驗發生在國外，而且與較當代的料理有關。有時是分子料理。

費蘭．阿德里亞的餐廳「鬥牛犬」當然是其中之一，前面已經提過。

自從這間令人難忘的餐廳停業後，我愛上去赫羅納（Gérone，西班牙）的 El Cellar de Can Roca：主廚璜（Joan）、侍酒師尤瑟夫（Josef）與甜點主廚約爾帝（Jordi）某種程度上是費蘭和阿柏特在創作上的「弟弟」。

我對在赫斯頓．布魯門索（Heston Blumenthal，英國肥鴨餐廳主廚）的餐廳用餐的記憶非常深刻，每一道菜餚都讓我神魂顛倒，因為實在太瘋狂又出人意表。我還開心地認識了瑞士沃韋（Vevey）的德尼．馬汀（Denis Martin）、西班牙聖塞巴斯提安 Mugaritz 餐廳的安多尼．路易斯・阿杜里斯（Andoni Luis Aduriz）、西班牙瓦倫西亞（Valence）的齊克・達科斯塔（Quique Dacosta）和丹麥哥本哈根 Noma 餐廳的雷奈・瑞哲彼（René Redzepi）或 Geranium 餐廳的拉斯穆斯・柯福德（Ramus Kofoed）。當然還有我的多年好友，活力充沛的鬼才保羅・佩雷（Paul Pairet），他一手打造出位於中國上海的 Ultraviolet 餐廳。餐廳在感官上完全讓人沉浸，提供介於情境與用餐之間的架構，進入直到完全迷失的祕境，是空前的奇異體驗！

某些主廚讓我留下深刻印象，並／或以不同方式啟發了我。亞蘭・帕薩德就是這樣的人，我們的關係自從在布魯塞爾那驚天動地的開端後已經大大改善！他處理蔬食領域的手法讓我也想將某些蔬菜運用在甜點中。以豌豆或胡蘿蔔為主的料理纖細、清新又美味，在他手中搖身變成真正的「糖果」，這讓我也想將這些菜園裡的珠玉做成甜味版本。我的薄荷豌豆馬卡龍以及柳橙肉桂胡蘿蔔馬卡龍就是這樣誕生的。

艾曼紐爾・雷諾（Emmanuel Renaut）位於梅杰夫（Megève）的鹽罐（Flocon de Sel）餐廳是另一個啟發。我是到當地度假時發現這間餐廳的。他的才華與創意令我欽佩，讓我費盡千辛萬苦，只為能一週到那兒用餐三次！他的某些菜餚對我的影響相當直接。例如，在嚐過他的榛果蘆筍費南雪後，我立刻創作出蘆筍榛果油馬卡龍，因為這種組合在我看來顯得理所當然。

也有一些不屬於高級美食領域的餐廳，不過卻能讓人吃得心滿意足，而且會為了單純的口慾愉悅而回訪。這些餐廳中，我要特別提出阿爾貝托・黑雷斯（Alberto Herrais）掌廚的 Fogón

Ultramarinos（巴黎），我在那裡才嚐到了真正的西班牙海鮮飯；巴斯克地區蓋塔里亞（Getaria）的 Elkano 餐廳，就在 Balenciaga 美術館對面，供應品質極佳的海鮮。我在那兒享用了鮮美無比的蝦子，還有淋上白醋的火烤大菱鮃。

還有 Le Baratin。

獨特美妙的 Le Baratin，是我在巴黎最心愛的餐廳。一九九七年起，每年我會造訪至少十次。我是偶然發現這家餐廳的：當時和一個朋友約在他於二十區一條小路上經營的小酒館，然而我到的時候他不在那裡。酒保告訴我：「您會在隔壁的 Le Baratin 找到他，他把那裡當自己家啦！」菈瑰爾・卡雷納（Raquel Carena）兩年前在那裡開了這家餐聽。餐廳永遠是她掌廚，伴侶菲利普（Philippe）則精神抖擻地負責外場與葡萄酒。

我立刻就愛上這個地方，尤其是主廚完全自學，烹調出以食材為主角的料理。菈瑰爾率先推出以市場當日食材為主的菜單，啟發了數十位年輕主廚。伊納基・艾茲皮塔爾特（Inaki Aizpitarte）曾在她的廚房待了六個月，後來才開設 Le Châteaubriand 餐廳，二十年來始終大受歡迎。如果菈瑰爾知道我要過去，她便會為我準備我所知道最美味的加泰隆尼亞燉牛肚，還有小羊腦、小牛胸腺、大菱鮃……

我在 Le Baratin 舉辦與第三任妻子芭芭拉的婚禮晚宴，也在那裡慶祝我的五十歲生日，而且是以相當調皮的方式。由於我不希望有人籌辦驚喜派對，於是那個禮拜一我邀請最要好的朋友到家裡吃晚餐。當大家都在前往我家的路上時，我傳簡訊說沒時間煮飯，最後決定在二十區的Jouye-Rouve街3號等他們。其中最懂吃的老饕立刻知道這是Le Baratin，不過有點狐疑，因為週一是餐廳的公休日。他們沒想到我包下整間餐廳為他們辦驚喜派對！那真是難忘的夜晚，一如在Le Baratin的無數夜晚。我實在太愛這個地方，因此帶許多人到這裡，包括在任的部長們，他們還會問司機，這麼不起眼的小巷子，地址是否正確無誤。我常和費蘭・阿德里亞或尚－皮耶・柯夫到這裡用餐。我還在馥頌時，柯夫很嫌棄該品牌。我邀請他來看我工作的狀況，經過無數次以味道為主題的交流後，我們變成了「飯友」。我們總是到平民館子吃飯，整頓飯聊的都是食材和料理。

朝鮮薊鑲肉與鍋子

嚴格來說，我從來沒學過做菜，不過我一直很愛下廚。因為太愛所有能吃的東西，我對食材、烹飪技法、廚具等也同樣充滿熱情。我非常喜歡採買食材、逛菜市場，如果你想讓我被沖昏頭，帶我到日本百貨公司的食品區就可以了，我能在那裡逛上好幾個小時呢！

在家裡，每天料理三餐的是我，還有我的「小副手」薇樂麗！妻子手藝高超，她做的橄欖燉小牛肉（食譜請見第213頁）尤其美味，不過做菜不是她的嗜好，我也承認自己霸占了鍋子。

我們只吃優質食材，未必是奢侈食材，不過一定是當地生產、經過精心種植，最好是有機的。我回家後如果沒有要再出門，就會製作波隆那肉醬義大利麵（文森・費尼奧的配方，使用小牛肉和科西嘉腱肉火腿，食譜請見第215頁）、柳橙檸檬焦香苦苣佐半熟水煮蛋、朝鮮薊鑲肉，還有牛肋排和馬鈴薯泥。我也很喜歡做蟹肉鹹派或是火腿康堤乳酪鹹派（食譜請見第217頁）。顯然我是白醬燉小牛肉或火上鍋這類傳統料理的愛好者，依照前妻菲德烈珂的食譜書以壓力鍋烹煮，配方很受好評。我也有自己的小小儀式：春天時，我一定會做蘆筍豌豆燉飯，冬天則會煮白松露燉飯與黑松露燉飯。

至於餐後甜點，平常我是不允許自己在家製作的。由於職業關係我必須品嚐大量甜點，因此避免在家做甜食，不然我會全部吃光光！我想為自己和薇樂麗準備餐後甜點時，多半會選擇水果沙拉。這條規則當然有例外啦。人只有身為或「生為」甜點師，又或者不是甜點師兩種，因此在新冠肺炎的封城期間，我拋開這條規則，透過Instagram的視訊與教女莉莉和吉兒一起做了巧克力沙布列（食譜請見第219頁）。她們的母親，也就是我的好友卡洛琳・羅斯坦－雷薇－維茲（Caroline Rostang-Lévy-Waitz）的生日時，我總是會做桃子塔（食譜請見第221頁），因為她的生日在八月，正好是我們一起在科西嘉島度假的時候。這道桃子塔其實就是雷諾特的甜塔：脆塔皮、杏仁奶油和熟透的桃子。我也會做檸檬磅蛋糕（食譜請見第223頁）、可麗餅（食譜請見第226頁），或是好友蘇西・帕拉坦（Suzy Palatin）的巧克力蛋糕（食譜請見第228頁），那是我岳父岳母的最愛。這道巧克力蛋糕作法非常簡單（只是不可烤至全熟），味道真的非常好。

體重與磅蛋糕片

熱情、愛吃、求知若渴的好奇心。

如果世界上存在讓我身材走樣的混合物，這些就是配方！話雖如此，信不信由你，我是足月的胎兒，但出生時體重卻只有一．八公斤。不過這個瘦弱的小嬰兒很快就變成一個圓滾滾的小胖子。

父親那邊的家族每個男人都是胖子：父親、爺爺、曾祖父都是。一直很瘦的母親是否努力預防我受到遺傳性肥胖影響？絕對是的，因為她就和全天下的母親一樣，非常關心我的健康。

但把我養在麵包糕點店裡，從健康角度來看真是一點幫助也沒有。我總是吃一大堆甜點，尤其是紫香李、黃香李、蘋果、大黃等各種口味的甜塔，因此我無法改變發胖的命運。每當母親發現我正在啃蛋糕時，就會嚴厲斥責我。從小她就嚴格控管我的飲食，對我的飲食習慣造成嚴重的後遺症。簡單來說，我和這種剝奪感之間的關係簡直一團亂，這令我無法忍受。從很小的時候，我就陷入這種惡性循環：我愛吃，大人不讓我吃，所以我躲起來吃，促使我吃更多更快，導致變胖，於是大人不准我吃……

今日我們已經瞭解讓孩子節食是有害的，然而六〇年代的人們並不這麼認為。母親顯然覺得自己的行為是很有道理的，但結果是我的體重一直是個必須處理的難題……那乾脆不要處理吧！從我年紀非常小的時候開始，只要喜歡某些食物，就會吞下非常誇張的分量，完全不會注意到肚子已經飽了，而是繼續開心地吃下過量的食物。我的體重以這個節奏迅速攀升。

孩提時代，過重讓我很不快樂，因為孩子對待同儕並不溫柔，同學有時候會在學校取笑我。後來，多餘的體重也不那麼困擾我了。在工作上或私領域都不造成困擾。年輕的我，總是假裝那些體重不存在。即使體重造成日常的不便，我仍知道如何無視體重。

然而隨著時間過去，我展開與體重計無止盡的抗爭。和菲德烈珂結婚時，對美食和甜點的共同熱情，將我倆拖進瘋狂的漩渦。菲德烈珂出版第一本食譜書後，又寫了其他料理相關書籍，包括《內行人的美食》（*Délices d'Initiés*）和《亞蘭・杜卡斯的地中海》（*La Méditerranée d'Alain Ducasse*）。當時她在家裡工作，也常常下廚。我們會試吃每一道食譜，一道比一道美味。她帶我認識了不可思議的食材，我們會一起品嚐我的甜點創作，而她則會給予公正的評判。結果就是我倆各增加了四十公斤。我的身高一七三公分，體重高達一七二公斤！

某天我覺得該停止了。為了不斷增加的食物，也為了我們的婚姻著想。這是攸關生存的問題。我吃得比較少了，也開始游泳、走路，瘦了很多。不過說實話，這並沒有解決問題，而且也無法解決問題，因為我落入了雙重束縛的困境：一方面我非常容易發胖，另一方面我又酷愛美食。雖然這從未妨礙我前進，不過我確實掉入節食期和復胖期的循環。這種暴食傾向無關乎我對風味的熱情。隨著時間過去，我理解到這是另一種機制：時差太大、太疲勞、太多挫折，這些都導致我需要慰藉。

想當然，我看遍法國和世界各地的營養師，試過針灸、光灸、順勢療法與數不清的其他東西，但是隨工作而來的生活節奏和品嚐根本無法與理性飲食並存。二〇二〇年春季封城期間就是證明，整整兩個月沒有外出、沒有去餐廳吃飯也沒喝酒，由於幾乎沒吃什麼糖且每天走路，加上多睡，我的體重來到久違的最低點。可惜現在我復胖了幾公斤，不過我很小心，妻子薇樂麗在這方面也給予我可貴的支持。她會在必要時拉警報，為我找出日常的解決之道。薇樂麗非常纖瘦，很小心控制我們倆的飲食，因為她知道這攸關長期的健康。我也是，我很清楚這一點，只不過我比較難內化這件事。

儘管如此，我還是努力維持每週一天只吃精瘦蛋白質（蟹肉、雞肉、魚類）。除了例外場合，每天只享用一個甜點，而不是大啖五個蛋糕。週日家族聚餐時，我只會吃半片磅蛋糕或一小塊甜點。此外我也會留意葡萄酒，因為熱量很高。如果葡萄酒很香醇，我可以喝個不停！不過我有一個藉口：我的職業與葡萄酒的關係很密切……

佳釀與情感

很少有什麼事比到當地造訪酒農更令我開心了。如果是到坦－艾米塔吉（Tain-l'Hermitage）拜訪像尚－路易．夏夫（Jean-Louis Chave）這樣了不起的法國酒農，那真是幸福無比。我從一九九三年起就是他的主顧，每年他會給我六瓶 Hermitage 白酒、六瓶 Hermitage 紅酒，以及六瓶 Saint-Joseph 葡萄酒。我不敢向他要更多，因為我會覺得太過分，而且我完全不想惹他不開心。我太在意我們之間建立在豐富交流上的關係了。聽著這位低調優雅的人敘述他如何耕作地塊、精進他的混調，就像踏入葡萄酒的歷史與藝術。尚－路易是第十六代酒農，他的家族自一四八一年至今一直是艾米塔吉風土的巨頭！他會深情且富詩意地談論著隱身在酒莊後方的那座著名丘陵。他解釋，雖然他讓葡萄藤隨意生長，不過真正讓葡萄酒與眾不同的是土地。在他身旁，他的一言一語都令人獲益良多。他的葡萄酒名列世界最佳排行絕非偶然，因為以各方面而言，這是數世紀的心血與耕作的結晶。

而且這名傑出的酒農說話非常直接。就像他的葡萄酒，他的描述沒有誇大亦無故作謙虛，話語也很簡單，真誠實在。若說他的話語在我心中引發共鳴，那麼一定是當我還是初出茅廬的年輕甜點師時，就覺得必須使用最能夠準確表達味覺情感的文字，而非只說「這非常好吃」。然而，雖然我們在雷諾特學習製作出色的甜點，卻沒有學習如何談論甜點。

或許聽來奇怪，不過正是這份空白促使我在十八歲時去上葡萄釀酒學課程。我和一名朋友認為，這或許有助於培養我們的品嚐能力，而且果真如此：葡萄酒教育帶給我們許多收穫！釀酒師使用並教授大量詞彙，都是精準具象的形容詞。這些課程不僅讓我學會以不同於單純飲用者的角度理解與探索葡萄酒，也真正幫助我用言詞表達我的感受與感覺。更棒的是，這為我的職業搭起一座橋樑。除了讓我有能力描述一款布根地或波爾多葡萄酒，葡萄釀酒學也精進了我廣義而言的風味分析能力，將我的甜點品嚐力提升到新境界。

當然啦，這也讓我對葡萄酒的興趣有增無減，踏進一個永遠探索不完的世界。

我從一九七八年起開始購買葡萄酒，但是直到八〇年代才建立起自己的酒窖。如今我的酒窖中大約有兩千瓶葡萄酒，代表需要真正的管理，像是有哪些是現在、五年後、十年後該喝的？

幸好我的行家朋友們總是會給我建議，像是Le Baratin餐廳的菲利普・皮諾托（Philippe Pinoteau）、普羅旺斯的旅館老闆紀・薩謬（Guy Sammut）、人稱「寶貝」（Ma Poule）的著名酒莊經紀人菲利浦・諾耶（Philippe Noyer），或是販售許多自然酒的知名侍酒師兼酒商尚－克里斯多夫・皮凱－布瓦松（Jean-Christophe Piquet-Boisson）。而且我很幸運地與許多酒農建立了良好關係，他們幫助我瞭解酒農的工作，其中有些人還答應分我一些葡萄酒；數量不多，卻非常珍貴。此外，我酒窖中有八〇%的葡萄酒都來自認識的種植者葡萄園。大部分購入的是法國酒，因為這些是我最瞭解的。我對外國葡萄酒的品種、產區、風土就陌生許多。不過，學就好啦！

每款葡萄酒我都少量購買，因為我喜歡種類多元也愛嚐鮮。紅酒、白酒、香檳我都愛，但就是不喜歡粉紅酒。至於我偏愛的產區……

◆當然是阿爾薩斯，我很喜歡 Albert Mann、Weinbach 或 Zind-Humbrecht 酒莊；

◆還有布根地酒，包括 Philippe Pacalet 的佳釀、Raveneau 的夏布利、Cécile 和 Philippe Valette 的 Pouilly-Fuissé，也有 Prieuré-Roch、Coche-Dury、Auvenay、Méo-Camuzet、Jayer-Gilles 等酒莊的出色葡萄酒；

◆而羅亞爾河，是因為傳說中的 Clos Rougeard 酒莊的國際級 Saumur-Champigny；

◆隆河則是 Chave、Gramenon（無瑕自然酒的先驅）、Bonneau、Rayas、Pfifferling 家族的 Anglore 或 Fonsalette 等酒莊；

◆朗格多克的話，就 Grange des Pères、Roc d'Anglade、Clos des Fées 等酒莊；

◆說到波爾多，尤其要試試 Château d'Yquem 的美妙索甸（Château de Fargues 和 Château Coutet 的索甸也值得一試），或是 Château Tronquoi-Lalande 和 Domaine de Chevalier 的白酒；

◆最後是科西嘉，我的心之所向，那裡的葡萄酒前景看好。只要我到那裡，就會喝當地的酒。我會定期拜訪葡萄酒種植者，一起聊天，一起品酒。我要感謝從十八世紀創立至今的

Patrimonio 酒莊的安東萬・阿雷納（Antoine Arena），他讓我認識了當地風土的葡萄酒。我注意到他們逐年提升，在娜塔莉和傑哈・庫雷吉（Nathalie et Gérard Courrèges）的 Vccelli 酒莊、Clos Canarelli、Comte Abbatucci 酒莊都找到絕佳的葡萄酒。至於尼可拉・史多姆波尼（Nicolas Stromboni），他努力不懈地推廣科西嘉島生產的葡萄酒，不僅是優秀的酒商，其香檳酒藏無疑也是全法國最好的……店面就在阿雅克肖（Ajaccio）！

關於葡萄酒種植，我可以講上好幾個小時；一如高級美食，葡萄酒的話題是聊不完的。我在這方面沒有「信仰」，而且很討厭「宗教領袖」，將自然酒或對酒標的追捧強加於他人。對我而言，最好的葡萄酒和巧克力一樣：你覺得美味的，就是最好的！我也不會奉承葡萄酒，這固然是高貴的食品，但葡萄酒是有生命的，也可能會對你開玩笑，像是有軟木塞味、過度緊縮，或是因為充滿二氧化碳而含有過多氣泡。在這種情況下，我會毫不猶豫地猛搖酒瓶，把它當成柳橙汽水（Orangina）。

人說：**酒後吐真言**。我不知道這說法是不是真的，不過酒會讓人不得不謙卑，這一點倒不假：即使有多年經驗，我還是會在品酒的時候出錯。

這不表示我信任每一位侍酒師，正好相反，到餐廳用餐時，我很喜歡自己選酒。我對某次在哥本哈根 Noma 的晚餐記憶猶新。主廚雷奈・瑞哲彼和整個團隊熱情迎接我們。後來在餐桌上，侍酒師想依照我們選的套餐推薦葡萄酒。「不好意思，我想看看酒單。」我回答他。

他眼中閃著一絲惡作劇的光芒，把酒單拿給我。我一打開酒單，就明白自己正在和一名擁有海量知識的專家交手。**酒單**簡直和聖經一樣，又大又厚，包含全歐洲數百款酒，從最經典的Romanée-Conti到阿爾代什省（Ardèche）的小農有機葡萄酒，無所不有，堪稱文物級酒單！於是我對侍酒師會心地眨眨眼，向他提議一個小遊戲：他和我，我們要從兩款酒中選一款。因為這種程度的侍酒師一定能讓我認識自己不會選擇的佳釀。果真如此：他的選擇出人意表，兼容並蓄，讓人讚不絕口。但我絕對不會告訴你，那天晚上我到底開了幾瓶酒！

宮殿與羚羊角

生活的藝術包含著另一個我非常敏銳的層面：酒店。美麗壯觀的酒店是我與妻子的共同嗜好，因為酒店集結所有我們最喜歡的領域：甜點、高級料理、葡萄酒，還有歷史、建築、設計、工藝、專業知識、品質與奢華。我喜歡這些超然世外境地中的氛圍，顧客顯得既嚴苛又慵懶，古怪又勢利。

而且十四年前剛收購皇家夢索酒店的阿勒克桑德爾．阿拉爾（Alexandre Allard）聯絡我時，我毫不掩飾自己的興奮之情。他希望Maison Pierre Hermé為即將轉型的酒店提供所有糕點。這場品牌與酒店的合作是一大挑戰：一切都要量身打造，不過我們有時間準備，因為整修工程將持續一年半。我們出席了二〇〇八年六月二十六日的「拆毀派對」（Demolition Party），在各種層面引發轟動。事實上，阿勒克桑德爾・阿拉爾和負責專案的建築師菲利普・史塔克邀請多名事先精挑細選的賓客，發給他們錘子和棍棒，讓他們開始砸爛牆面！他們的概念是，這場派對是「砸碎石頭而非奠定基石」。這場瘋狂的晚宴過後，皇家夢索的翻修工程就此展開。工程之所以巨大可觀，是因為史塔克徹底改造了那些急需改變的地方，這點無可否認。

這座充滿傳奇色彩的巴黎旅館，其歷史令我相當著迷。皇家夢索成立於一九二八年，前身是巴黎聖母院奧古斯丁修女會（Soeurs Augustines de la Congrégation de Notre-Dame de Paris）的修道院，眾多著名人士都是常客，包括溫斯頓・邱吉爾（Winston Churchill）和喬瑟芬・貝克（Joséphine Baker），第二次世界大戰期間被同盟國占領。八〇年代末，米榭・波魯納雷夫（Michel Polnareff）曾在皇家夢索度過整整八百天，足不出戶。總之，這座裝飾藝術堪稱傑作的飯店，即使面臨過時的威脅，仍是首都的傳奇，我很樂意為其工作。

二〇一〇年十月開幕以來，在總經理席爾凡・艾柯里（Sylvain Ercoli）的帶領下，我們得以在想像力不受侷限的情況下愉快地達成任務。我們在東京新大谷飯店只有一間供外帶的店面，並為宴會製作甜點；在皇家夢索則不同，我們必須製作酒店中的所有甜品：從餐廳的餐後甜點、早餐的甜麵包、著名的早午餐鬆餅和可麗餅、客房點心到茶沙龍的甜點都是。管理層想要著重在精良品質和創意上，因此我們工作得非常開心：一開始，為了義大利餐廳 Il Carpaccio，我們發想了一道有點瘋狂的餐後甜點，像是草莓甜義大利麵，後來成為最暢銷的品項之一。這場合作經驗始於阿勒克桑德爾．阿拉爾，酒店緊接著被 Qatari Diar（由卡達的主權基金所投資的不動產分公司）收購，期間長達十二年。氣派如宮殿的皇家夢索在新冠肺炎疫情期間的虧損嚴重，我們的合作在雙方同意下，於二〇二〇年底劃下句點。

這段期間，二〇一四年我開始在京都的麗池卡爾頓酒店工作，酒店向我們在日本的合作夥伴提出同類型的合作模式。這座豪華酒店坐落在鴨川河畔，緊鄰以藝伎工作的古老屋形聞名的祇園，是講究的日本文化的精髓：簡潔的設計、俐落的木作、極度舒適又不失隱密，一切都是我的最愛！我在酒店裡開了一間店，販售種類多不勝數的馬卡龍，我的團隊則在那兒製作甜麵包與餐廳的餐後甜點。日本北部的北海道新雪谷花園柏悅酒店（Hyatt Park）也有我們的身影。酒店就在滑雪場旁，被大自然圍繞，充滿禪意，壯麗的安努普利山脈與羊蹄山美景盡收眼底。我們在那兒的店面與茶沙龍非常漂亮，主餐廳也提供下午茶時段。

對像我一樣的創作者而言，這些合作關係真是純然的幸福。能夠結合我的甜品世界與如此奢華的酒店，真是太令人振奮了。與馬拉喀什，甚至是全摩洛哥名氣最響亮的酒店拉瑪穆尼亞合作，就是最佳印證。我在現任經理皮耶．裘夏姆（Pierre Jochem）任職於新加坡的萊佛士酒店（Raffles）時認識他，當時他們正在考慮是否要設立一處甜點櫃點，但是最後並沒有實現。不過身為優秀的阿爾薩斯人，裘夏姆和我都把這件事放在心上。因此，當他接管拉瑪穆尼亞後，我們再度討論了這個想法。

二〇一七年，我們的計畫終於在拉瑪穆尼亞實現，邱吉爾（又是他！）非常喜愛這裡的庭園，可以成天在庭院裡畫畫。當時我們開設一間店面，並負責拉瑪穆尼亞的所有糕點，包括備品中的甜點與池畔餐廳（Hôtel au Pavillon de la Piscnine）的早餐，我們也負責提供午餐的自助式甜點，以及各餐廳（摩洛哥、義式、法式）與Majorelle酒吧的餐後甜點。除了這些，二〇二〇年起，酒店經過帕特里克・裘安（Patrick Jouin）與桑吉・曼古（Sanjit Manku）帶領的翻修工程後，我們開始在拉瑪穆尼亞簇新的內部空間工作。我們為Majorelle酒吧設計了鹹食菜單，開設一間茶沙龍，更在庭院的露台設立冰淇淋吧。我們還為由尚－喬治・馮格西赫頓（Jean-Georges Vongerichten）主理的亞洲與義大利餐廳設計餐後甜點。這裡完整呈顯Maison Pierre Hermé的專業技藝，為此我相當自豪，因為拉瑪穆尼亞曾數度獲選為全球最佳酒店。皮耶・裘夏姆則在二〇二一年時，獲提名為全球最佳獨立酒店經理。

在這間優秀的酒店裡，我不僅和團隊們建立了緊密的關係，更對摩洛哥食材產生深厚的感情，左右特定的創作方向：我以摩洛哥香料咖啡發想出摩洛哥無限咖啡塔、馬卡龍與杯裝冰淇淋；以羚羊角為靈感，使用杏仁、柳橙、阿姆魯（amlou）[12]設計了一款甜點；我們也以檸檬和阿姆魯製作磅蛋糕等。不過最受歡迎的口味是「世界庭園」，結合柳橙、橙花與蜂蜜，成為拉

12 源自柏柏族（berbère）的抹醬，以摩洛哥堅果油、蜂蜜與烤杏仁調製而成。

瑪穆尼亞的代表作之一，也進入我們的 Fetish 系列。由於這個口味在巴黎、東京與其他地方都受到好評，我製作了超過十種產品的版本，像是磅蛋糕、冰淇淋、甜塔和乳酪蛋糕等。

拉瑪穆尼亞是擁有悠久歷史的酒店，建築尤其別緻，讓我試圖透過風味詮釋部分特色：像是鑲嵌磁磚的圖樣讓我想到巧克力，阿拉伯木花窗（moucharabieh）則像甜點上的裝飾，對各種感官方面都魅力十足！

我合作的所有酒店都自成一個獨特的世界，許多靈感與創作也因而誕生：我為德國巴登－巴登（Baden-Baden）的布雷內斯公園酒店（Brenners Park）設計了黑森林甜點與馬卡龍，呼應周圍的森林。至於羅宏・塔伊布（Laurent Taïeb）在巴黎的旅館 Madame Rêve（位於羅浮宮郵局舊址上方）以及尚・努維爾（Jean Nouvel）在十三區打造的雙塔酒店（Tours Duo），我創作了軟焦糖堅果反轉蘋果塔、草莓柚子雙重塔，以及令人垂涎欲滴的蘇西橙香乳酪蛋糕。

目前我們正計畫與一間沙烏地阿拉伯的酒店合作，我已經開始想像置身在充滿熱騰騰辛香料氣息中的工作啦……

薇樂麗的橄欖燉小牛肉

所有科西嘉家庭都會做這道傳統料理，而且家家有自己的獨門祕方。這道薇樂麗常做的食譜，來自「美麗島」科西嘉上最出色的葡萄酒商尼可拉·史多姆波尼，他也是最瞭解科西嘉風土的行家，著有《葡萄酒、麵包、海膽》（*Du Vin, du Pain, des Oursins*，Marabout，2016。）

可製作6人份

準備時間25分鐘

烹煮時間2小時30分鐘

食材：

科西嘉小牛肉1公斤，切塊
科西嘉風乾豬頰肉（vuletta）或
　義大利風乾豬頰肉（guanciale）1片，
　也可使用優質鹽漬風乾培根
綠橄欖100公克
黑橄欖100公克
番茄膏3大匙

洋蔥1個，切薄片
西洋芹1根，切小塊
Patrimonio 粉紅葡萄酒1杯
大蒜3瓣，去皮
月桂葉2片
百里香2枝（野生最佳）
杏仁粉1大匙

有機柳橙皮絲¼顆份
橄欖油適量
鹽、現磨黑胡椒適量

步驟：

橄欖油充分淋入燉鍋加熱，放入小牛肉煎至表面金黃上色，而後取出肉塊備用⇓葡萄酒倒入小鍋加熱，並點火使酒精揮發⇓洋蔥倒入煎牛肉的燉鍋炒至上色，加入2個蒜瓣、芹菜及切條的科西嘉風乾豬頰肉（也可用義大利風乾豬頰肉或培根）⇓拌炒至整體上色，放入小牛肉、番茄膏，翻炒2分鐘至整體充分軟化轉為淺褐色，倒入揮發酒精的葡萄酒⇓加入1公升溫熱礦泉水增添水分（湯汁一定要蓋過肉塊一個指節，燉煮過程中可隨時視需要加水）⇓加入柳橙皮絲，轉至最小火，慢燉至少2小時；在燉煮1小時後加入橄欖，骨肉可輕鬆分離時，就表示燉透了⇓加入杏仁粉為湯汁勾芡，加入一瓣蒜末，視需要以鹽和胡椒調味⇓續煮10分鐘，可立即食用，也可待隔日享用，加熱後風味更佳

文森・費尼奧的波隆那肉醬義大利麵

可製作6人份
準備時間25分鐘
烹調時間3小時20分鐘

食材：

小牛前胸絞肉（科西嘉為佳）500公克
白腱肉火腿（科西嘉為佳）170公克
羅馬番茄4顆
白洋蔥½個
胡蘿蔔1根
百里香1小束
大蒜1瓣
白酒120毫升
紅酒120毫升
小牛高湯250毫升
四香粉1小撮
埃斯佩雷特辣椒1大撮
精鹽3公克
現磨沙勞越黑胡椒1大撮
番茄糊35公克
細白砂糖10公克
橄欖油2至3大匙
無鹽奶油（完工用）50公克
直麵600公克
新鮮羅勒葉1把
現磨帕瑪乳酪，是個人口味

步驟：

1. 備料：熟腱肉火腿腱子切大塊、番茄去皮去籽後切細丁、洋蔥去皮切碎、胡蘿蔔削皮切細丁、大蒜去皮切末
2. 製作波隆那肉醬：取一只大燉鍋，腱肉火腿、洋蔥、胡蘿蔔、大蒜以橄欖油翻炒但不上色➡加入番茄，待番茄的水分蒸發後，加入紅酒和白酒煮至沸騰，放入百里香、高湯、四香粉、鹽、糖、番茄糊，煮沸後以小火慢煮3小時，不時攪拌➡確認調味，可視需要調整。直麵放入大量加鹽的滾水煮熟，瀝乾後裝盤
3. 完工：無鹽奶油加入熱騰騰的醬汁增稠，淋在麵上後放入羅勒，食用時撒上帕瑪乳酪

我的火腿康堤鹹派

可製作6人份
準備時間30分鐘
烹調時間1小時
靜置時間4小時30分鐘

食材：

派皮

麵粉400公克
無鹽奶油300公克
＋烤模防沾用膏狀奶油
全脂鮮乳8毫升
細白砂糖8公克
鹽之花8公克
蛋黃1個

蛋奶糊

全蛋10個
液態鮮奶油（乳脂肪30％以上）80毫升

配料

熟成12個月的康堤乳酪160公克
厚片火腿「Prince de Paris」200公克
煙燻培根200公克

步驟：

1. 製作派皮：麵粉過篩➡奶油切丁➡糖和鹽之花放入牛奶中溶化➡桌上型攪拌機裝攪拌葉，奶油、糖鹽牛奶、蛋黃放入攪拌盆攪打至均勻➡加入麵粉並快速攪拌，以免麵糰過度出筋➡麵糰以保鮮膜包起，放在烤盤上冷藏靜置1小時➡工作檯撒麵粉防沾，將麵糰擀厚度至0.2公分➡冷藏靜置2小時，然後切出直徑25公分的圓片兩片➡派皮放上烤盤，冷藏30分鐘➡活底塔模充分塗滿奶油防沾（直徑15公分，高4公分），冷藏片刻後鋪入派皮，切去多餘的麵糰➡冷藏靜置2小時
2. 派皮冷藏的同時製作蛋奶糊：以手持攪拌棒混合所有材料
3. 準備配料：火腿切小方片，煙燻培根切小丁，康堤乳酪刨絲
4. 烤箱預熱至170℃➡派底放乾燥豆子，盲烤20分鐘。派皮冷卻後倒出豆子，兩個塔模各放100公克煙燻培根與100公克火腿，撒上80公克康堤乳酪，不壓實➡蛋奶糊分成兩等份，倒入派皮至距離邊緣0.5公分處，以免烘烤時溢出➡鹹派放入旋風烤箱，以160℃烘烤約40分鐘➡視個人喜好，靜置至降溫或冷卻。搭配新鮮香草與混合生菜享用

獻給莉莉和吉兒的巧克力沙布列

可製作50個沙布列
準備時間30分鐘
烹調時間12分鐘
靜置時間1小時

食材：

70%黑巧克力（法芙娜）150公克
麵粉175公克
可可粉（法芙娜）30公克
小蘇打粉5公克
無鹽奶油150公克
紅糖120公克
給宏德鹽之花5公克
天然液態香草精2公克
細白砂糖50公克

步驟：

1. 備料：巧克力切小塊↓麵粉、可可粉、小蘇打粉混合後過篩
2. 製作：奶油回溫軟化，放入紅糖、細白砂糖、鹽之花與香草精↓粉類食材與切塊巧克力放入奶油糖糊，混合時盡可能快速並減少攪拌↓麵糰整成直徑4公分、長40公分的長條狀↓冷藏至少1小時。烤箱預熱至170℃↓麵糰條切成厚度1公分圓片，放上鋪烘焙紙的烤盤↓烘烤11至12分鐘↓出爐後放在網架上冷卻

注意！烘烤時間極為重要。這款沙布列「不」烤到全熟才會好吃。使用鹽之花可添加一絲難以察覺的鹹味。若使用精鹽，用量則要減少至2公克。沙布列放入密封容器，置於乾燥處可保存數天。不用擔心此配方的分量過多，這款沙布列麵糰很適合冷凍，可視需要的分量分次切片烘烤。

為卡洛琳的生日特製的桃子塔

可製作6至8人份
準備時間50分鐘
烹調時間1小時10分鐘
靜置時間6小時35分鐘

食材：

脆麵糰

過篩麵粉250公克
室溫軟化的
　無鹽奶油190公克，切丁
給宏德鹽之花5公克
細白砂糖3.5公克
蛋黃½個（10公克）
室溫全脂鮮乳5毫升

卡士達

全脂鮮乳250毫升
香草莢½根
細白砂糖65公克
蛋黃3個
麵粉8公克
卡士達粉17公克
室溫軟化奶油25公克

杏仁奶油

無鹽奶油62.5公克
糖粉62.5公克
杏仁粉62.5公克
蛋½個
卡士達粉6公克
卡士達75公克

完工

甜熟黃桃1.2公斤
細白砂糖100公克
肉桂粉1小撮

步驟：

1. 製作塔皮：奶油、糖、鹽之花、蛋黃、鮮奶放入桌上型攪拌機的攪拌盆混合均勻⬇加入麵粉攪拌至成團⬇麵糰放在兩張烘焙紙之間擀開，冷藏2小時⬇工作檯撒麵粉防沾，放上塔皮，擀至厚度0.2公分⬇再度靜置冷藏2小時，切成直徑35公分的圓片，鋪入尺寸合適的活底塔模⬇切去超出塔模邊緣的塔皮，用叉子在塔底戳小洞，冷藏2小時⬇盲烤塔皮，將烤箱預熱至170℃，塔底放入乾燥豆子後烘烤20分鐘

2. 製作卡士達：牛奶與縱剖刮出籽的香草莢一起煮至沸騰⬇浸泡30分鐘後過濾。糖和蛋黃攪打混合，然後加入麵粉與卡士達粉⬇取½熱牛奶倒入蛋糖糊，同時不停攪打，接著倒入其餘的牛奶⬇蛋奶糖糊倒入小鍋，再度煮沸2分鐘，同時不斷攪拌⬇鍋子放進裝滿冰塊的調理盆，使卡士達冷卻⬇降溫至60℃時，加入切小塊的奶油，混合均勻⬇保鮮膜直接覆蓋卡士達表面，冷藏（會有多餘的卡士達，可保存另作他用）

3. 製作杏仁奶油：膏狀奶油放入調理盆，依序加入食材，每加入一種便充分混合，然後倒入塔底

4. 完成甜塔：烤箱預熱至170℃⬇桃子洗淨擦乾，不去皮切六等份⬇桃子片直立放入塔底塞緊⬇混合糖與肉桂粉，取⅔撒在塔餡上，烘烤40分鐘⬇靜置冷卻後才脫模⬇撒上其餘的肉桂糖，即可享用

檸檬磅蛋糕

可製作6人份磅蛋糕2條

準備時間30分鐘

烹調時間1小時5分鐘

食材：

麵糊

- 麵粉375公克
- 泡打粉1小包（11公克）
- 有機黃檸檬皮絲3顆份
- 細白砂糖400公克
- 室溫中型雞蛋6個
- 液態鮮奶油19毫升（乳脂肪30%以上）
- 白色蘭姆酒3.5大匙（大人限定）
- 給宏德鹽之花1小撮
- 無鹽奶油135公克
- 糖漬檸檬皮150公克，切小丁
- 烤模沾奶油少許

糖漿

- 礦泉水5毫升
- 細白砂糖50公克
- 檸檬皮絲1顆份
- 現榨黃檸檬汁5毫升

亮面製作（非必要）

- 檸檬果醬250公克

步驟：

1. 烤箱預熱至180℃ ➡ 兩個磅蛋糕烤模塗奶油防沾 ➡ 麵粉與泡打粉混合後過篩，加入糖漬檸檬皮丁 ➡ 加熱融化奶油，靜置冷卻 ➡ 糖和檸檬皮絲放入調理盆，用手指撈起，以指尖不斷搓揉糖和檸檬皮絲，直到砂糖潮濕結塊，充滿香氣 ➡ 加入蛋，攪打至整體顏色轉淺，變得輕盈蓬鬆

2. 按照以下順序放入食材：鮮奶油、蘭姆酒、鹽之花 ➡ 充分攪打後，以矽膠刮刀分三次拌入粉狀食材，直到整體變成濃稠麵糊 ➡ 最後分三次倒入冷卻的融化奶油，混合均勻 ➡ 麵糊倒入烤模，烤模放上烤盤，烘烤約1小時，直到磅蛋糕邊緣熟透，中央裂開並呈金黃色 ➡ 烘烤40分鐘便可確認熟度（用刀尖戳入蛋糕中央，拉出時不沾黏麵糊即代表烤熟）➡ 若磅蛋糕上色過快，可用鋁箔紙覆蓋表面

3. 烘烤的同時製作糖漿：水、糖、檸檬皮絲放入小鍋煮至沸騰 ➡ 過濾後加入檸檬汁 ➡ 磅蛋糕出爐，脫模放在網架上 ➡ 降溫後用刷子在蛋糕上塗滿糖漿 ➡ 靜置冷卻 ➡ 若希望為磅蛋糕上光，將果醬放入小鍋，以小火煮沸 ➡ 用大型甜點刷在磅蛋糕表面（上方與四邊）塗上薄薄一層果醬 ➡ 靜置乾燥後即可享用

注意！磅蛋糕用保鮮膜包好，可室溫冷藏約一週。也可以真空包裝後冷凍，這樣能保存一個

月。食用前可略略烘烤切片磅蛋糕。

變化版！檸檬皮絲換成兩根「柔軟飽滿」的香草莢，縱剖刮出籽後充分與糖搓揉，即可做成香草磅蛋糕。

我的可麗餅

可製作35張可麗餅
準備時間10分鐘
烹調時間3分鐘（一張可麗餅）
靜置4小時30分鐘

食材：

全脂鮮乳500公克
馬達加斯加香草莢2根
無鹽奶油100公克
新鮮黃檸檬皮絲4公克
麵粉200公克
細白砂糖50公克
全蛋5個
農業型白色蘭姆酒3小匙

步驟：

1. 製作麵糊：牛奶煮沸，香草莢縱剖刮出香草籽，放入牛奶中浸泡30分鐘→冷卻後過濾→加熱融化奶油，靜置冷卻→混合檸檬皮絲和糖→麵粉篩入調理盆，加入混合好的糖，然後在中央挖出凹洞→混合牛奶和蛋，倒入上述凹洞→使用打蛋器，從中心開始攪拌，逐漸擴大畫圓，使麵粉與液體充分混合→麵糊均勻後，加入冷卻的融化奶油和蘭姆酒，冷藏靜置至少4小時

2. 煎可麗餅：使用不沾可麗餅鍋，舀入一勺麵糊，搖動鍋子使麵糊均勻分布整個鍋底，煎熟第一面→可麗餅翻面，煎熟第二面，立即享用→重複上述步驟，直到用完麵糊

蘇西的巧克力蛋糕

可製作6至8人份
準備時間10分鐘
烹調時間30分鐘

食材：

- 60％黑巧克力250公克
- 室溫無鹽奶油250公克
- 細白砂糖180公克
- 蛋4個
- 麵粉70公克

步驟：

烤箱預熱至180℃ ➡ 直徑22公分的活底蛋糕模塗奶油、撒麵粉防沾 ➡ 巧克力切碎，隔水加熱融化 ➡ 奶油和糖混合攪拌，將蛋逐個加入 ➡ 加入融化的巧克力攪拌，然後再加入已過篩的麵粉 ➡ 麵糊倒入烤模，烘烤25至30分鐘，烤箱門用木湯匙卡住，保留些許縫隙 ➡ 出爐後，蛋糕脫模至網架上。冷卻後即可享用

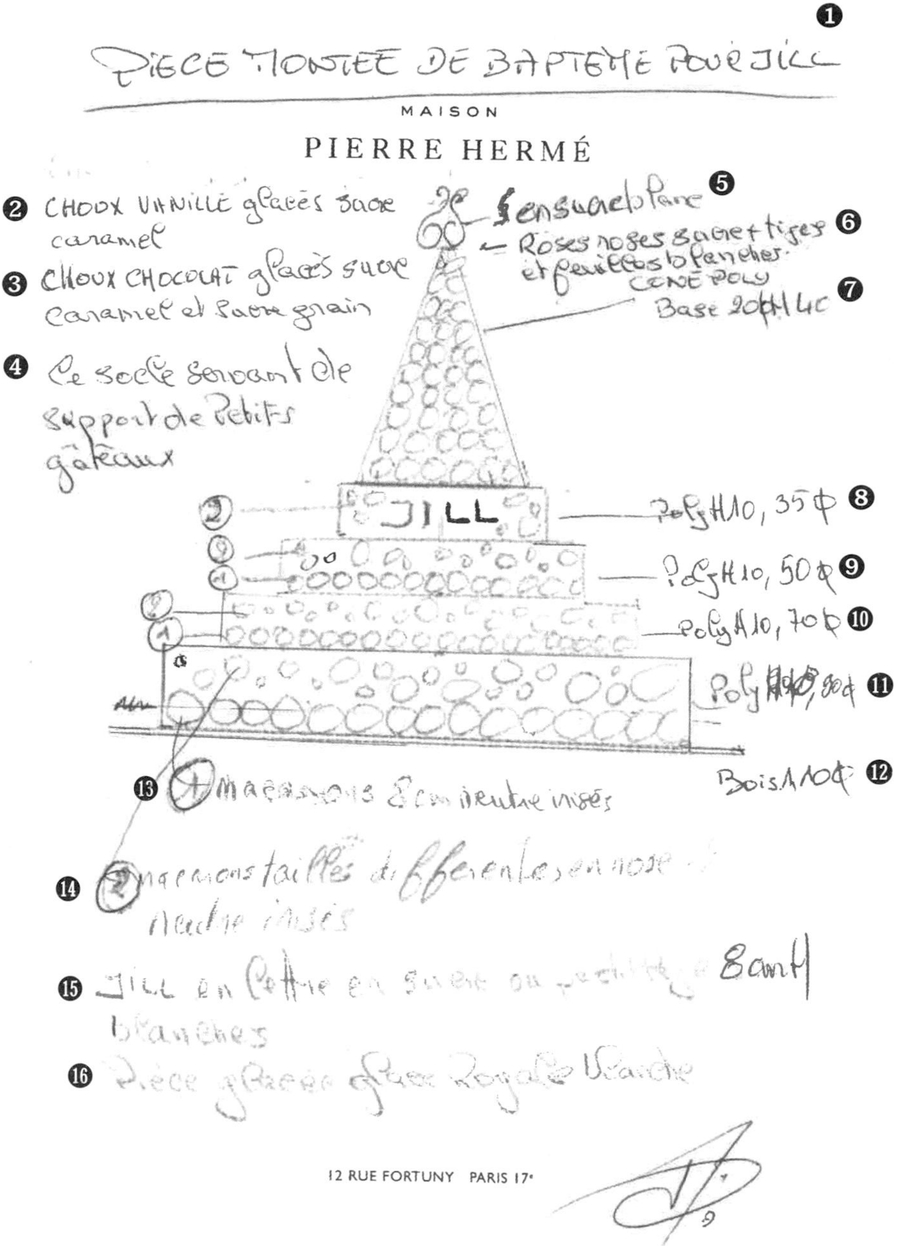

❶ 吉兒的洗禮泡芙塔
❷ 焦糖香草泡芙
❸ 焦糖珍珠糖巧克力泡芙
❹ 支撐用的小蛋糕基底
❺ 椰糖 S 字母
❻ 粉紅糖玫瑰＋白色枝葉
❼ 保麗龍圓錐（底部直徑 20 高 40）
❽ 保麗龍高 10，直徑 35
❾ 保麗龍高 10，直徑 50
❿ 保麗龍高 10，直徑 70
⓫ 保麗龍直徑 90
⓬ 木板直徑 110
⓭ 8 公分無色霓虹馬卡龍
⓮ 馬卡龍，大小不一，粉紅霓虹
⓯ －以糖寫成的 JILL 字母，高 8 公分
⓰ －整體淋上白色皇家糖霜

10 對話

藝術與美食

幾個月前，妻子與我有幸在里斯本遇見藝術家若安娜・瓦斯科切洛斯（Joana Vascondelos），我非常喜歡她在威尼斯拉宮（Palazzo Grassi）那充滿觸手意象的作品。她帶我們參觀工作室，就在特茹河畔（Tage）一座巨大的工業建築中。我們並不認識，不過卻聊了好幾個小時，因為越聊就越發現雙方有許多共同點與類似的工作方式。我和她一樣，以自己的專業知識成立了公司；我和她一樣，會著重自己特別珍視的食材；我和她一樣，雇用數十個人。如果我有想法，就會把它商業化，並同時著手處理無數個計畫，這也和她一樣。創作過程甚至也非常相似：若安娜的腦海中浮現靈感時，她就會寫下來，接著繪製圖稿，不斷調整雕琢到作品可以進行製作，屆時她的製作團隊與銷售團隊就會接手。這也是我唯一知道的，關於甜點發想設計、製作與銷售的流程。

此外，那天她正在進行中的作品是……陶瓷做的巨型蛋糕！這件壯觀的作品是為英國羅斯柴爾德家族成員的婚禮特別製作的，高達二十五公尺，概念是要讓新人站在這件奢華的作品上。在向我解釋為了打造這座「紀念碑」請葡萄牙代表性工藝品牌如 Bordallo Pinheiro 和 Vista Alegre 製作瓷磚以便到現場安裝雕塑時，若安娜突然對我說：「我有個點子：我們一定要一起做蛋糕！」

「樂意之至！」我回答時，並不知道她打算如何進行這項合作。我想絕對不會是這座巨大婚禮蛋糕的迷你版本，無論是我還是她都不會感興趣。我從來就對複製興趣缺缺，也不認為若安娜會覺得有意思。就順其自然吧……在這種等級的藝術家身邊，絕對少不了驚奇！

這個構思非常令人期待，一如長期以來與各類藝術工作者的會面或合作。這些與藝術家的合作都是這些年來自然發生的，與楊．佩諾斯一起設計的「蛋糕上的櫻桃」無疑是一切開端。

我一直希望讓我的職業跳脫技法與美食的呆板框架，使其能與其他領域碰撞出火花。「如果你與我不同，我的兄弟啊，你非但不會損及我的利益，反而讓我充實。」安東萬．聖－修伯里（Antoine Saint-Exupéry）在《要塞》（*Citadelle*）一書中如此寫道。這句名言表達了分享以及異領域交流所產生的豐饒。混合對所有領域皆有益處！因此我總是尋求與各界藝術家聚會交流。和他們一起過的時間能刺激我，也讓我真正吸收新事物，因為他們總是言之有物。更重要的是，欣賞他們的作品之餘，我也喜歡與他們討論靈感和工作方式，簡而言之就是創作，亦即他們和我的生活重心。這當然就解釋了何以我經歷過強大又難忘的交流關係。

有些交流帶來的對談滋養了我的創意與思考能力，影響力可以從數天、數個月，甚至長達數年。此外，有時我會獲得一件作品，讓我在自家公寓中，能夠無聲地延續與創作者的對話。

有些會面則促成真正的合作。我極度榮幸能與法國最偉大的雕塑家之一貝納爾・維內（Bernar Venet）合作，他同意為二〇一八年的國王派設計其職業生涯中最小巧的雕塑，即參照他作品中無所不在的弧形金屬，打造螺旋造型瓷偶。主廚皮耶・桑・布瓦耶（Pierre Sang Boyer）則將畫家與塗鴉藝術家西里爾・康葛（Cyril Kongo）介紹給我。我非常喜歡和他聊天，他特別為我們設計了二〇二一年情人節的馬卡龍與巧克力包裝盒。我還有許多像這樣的例子：紙藝設計師瑪麗安・潔利（Marianne Guély）設計的國王派皇冠、書法家尼可拉・烏胥尼（Nicolas Ouchenir）為今年的馬卡龍和巧克力禮盒題字……

藝術家與我的合作關係，每一次都是從某個點開啟，像是談到某趟旅行、一段故事、一本書，或其他任何東西……在我的世界裡，畫家或插畫家的創作絕對不會單純「貼在」某個元素上，那沒有意義嘛！相反地，我們會一起走得更遠，因為我相信我們在彼此內心深處擁有共同語言。浮現某個企劃的想法時，從頭到尾藝術家都會參與。這就需要多次會面和開會討論，總是非常提振人心！

和瑞士藝術家湯瑪斯・布格（Thomas Boog）的合作就是如此，我在二〇〇八年皇家夢索酒店翻新時認識了他。他應菲利普・史塔克的要求，打造出鑲滿貝殼的壯觀壁面鑲板。二〇二〇年我到他的藝廊拜訪他，那些以大小貝殼和海螺做成的人像讓我驚訝到說不出話來……太不可思議了！我向他提議，一起為二〇二一年的復活節系列製作巧克力，他接受挑戰，設計出獨特奇異的海洋世界。此系列的重頭戲是帶有臉孔的巧克力蛋，湯瑪斯玩得很高興，因為大家總是說蛋沒有臉。他想反其道而行，於是為蛋設計了一張臉。以巧克力製作這件作品的難度極高，更不用說技術上的挑戰了，不過我們迎刃而解，成品令人讚嘆，有點像阿爾欽博托（Acrimboldo）筆下的肖像。

我們也與薩菲亞・烏亞雷斯（Safia Ouarès）共同合作過。我相當喜歡二〇二〇年聖誕節她為迪奧（Dior）繪製的夢幻世界，於是我請她為我發想二〇二一年的節氣系列。我們的對話圍繞著味道、我想要突顯的風味，以及我的工作方式。話題就這樣相連串起。我們想到熱愛森林的喬治・桑（George Sand）的聖誕童話，這令薩菲亞將主題定調為生命之樹，給了她許多靈感。她以此繪製了一幅壁畫，畫面中的樹木、花朵、雲彩交織成繽紛無盡的漩渦。這幅壁畫以多幅畫作構成，我們抽出其中幾幅，請薩菲亞為我們的聖誕產品特地重新設計。在這方面，我則想到「分割」壁畫製成巧克力塊，拼在一起就會重現出壁畫。這一切，包括木柴蛋糕的裝飾、禮盒上的花朵、在櫥窗中的陳列等所有定位，我希望薩菲亞在各方面都能對合作成果的連貫與一致性感到滿意，一如有人向我提議合作時我所希望的待遇。

有時候我和藝術家的合作會以不同方式展開，我也會受到作品的啟發提出原創設計。二〇一四年巧克力彩色緞帶造型的復活節蛋 Supramat 就是一例，是向貝特．佐德雷爾（Beat Zoderer）的金屬「彩帶」致敬。今年，巧克力蛋「奔放」（Exubérant）中嵌入光滑的卵石造型，是向雕塑家貝亞特莉絲．亞圖斯－貝特隆（Béatrice Arthus-Bertrand）致敬。不用說，我一定會先取得藝術家或著作權持有人的同意。幾年前，我在索略（Saulieu）一間位於貝納．羅瓦佐旅館（Relais Bernard Loiseau）對面的美術館看到弗朗索瓦．龐朋（François Pompon，於一九三三年辭世）的動物雕塑，深受作品散發的能量吸引，於是詢問並獲得授權，以巧克力製作了兔子雕塑。

很難列出所有同意和我合作的藝術家。不過我盡力，希望不會遺漏任何人，除了前面提過的藝術家，還有：Philippe Baudelocque、Nicolas Buffe、Marjorie Colas、Vincent Bousserez、Louis-Marie de Castelbajac、Jean-Philippe Delhomme、Bernard Quentin、Tom Shannon、Hector Zamora……

我對藝術的無比熱愛，也讓我扮演了藝術家法比安．維夏雷（Fabien Verschaere）的「贊助人」，多虧阿勒克桑德爾．阿拉爾我才得以認識他。他的作品太令我震撼，我甚至向他提議到當時 Maison Pierre Hermé 設有店面的各大城市工作一段時間，包括東京、首爾、倫敦等，以便從中汲取各式靈感。當時我就浮現一個點子，將他在那些城市創作的作品設計成產品包裝盒。

不過這些設計的概念太過異想天開，最後並沒有做出來。話說回來，法比安可以在世界各地創作整整兩年呢！

我也不會忘記插畫家們，像是 Clo’e Floirat、Soledad Bravi、Nicloas Vial，還有已故的 Georges Wolinski，他曾在二〇〇五年畫了一張很風騷的賀卡給我，上面有一名袒胸露乳的女子，不過乳頭被馬卡龍遮住了。我還想到 Vanuxem 或 Punchinello 等藝廊，讓我認識了部落藝術和原生藝術，包含三十年來以美麗攝影精彩呈現我甜點的攝影師 Jean-Louis Bloch-Lâiné、Bernard Winkelmann、Sergio Coimbra 和 Laurent Fau，當然還有建築師、設計師、室內設計師，如 Laura Gonzalez、Matali Crasset、Kenya Hara、Patrick Jouin、東信、片山正通、Olivier Lempereur、Andrée Putman、Santillane de Chanaleille 和 Tsé & Tsé。我們彼此分享了太多太多事物。

這些合作都是美好的回憶，不過我的內心和腦海中常常認為，尚未發生的合作關係就是最美好的。與森口邦彥的特殊合作就是其中一種形式。這位高齡八十一歲的偉大藝術家在日本被封為「人間國寶」，是製作華麗和服所用之傳統織品染色技術「友禪」的大師。身為友禪世家的第三代，他以抽象的幾何圖樣取代傳統的花卉和山水圖紋，徹底創新了這門藝術，當時是日出之國的革命呢！

森口先生最初接受傳統日本畫的訓練，六〇年代初期就讀於巴黎裝飾藝術學院。而在那不久後，他在法國認識了畫家巴爾蒂斯（Balthus），後者邀請他到梅迪奇別墅（Villa Medici），並說服他投身友禪藝術。當時森口大師拒絕了，他認為自己的水準遠不及父親。不過他還是聽進巴爾蒂斯的建議，而且做得很好，今日他的和服在世界各地展出，尤其是倫敦的V&A美術館和紐約的大都會美術館。這些傑作讚頌極致的優美，典雅的簡約，同時也是最複雜的文化。雖然森口大師創作的圖樣極具當代風格，作品卻在各方面反映了傳統的工藝手法。幾年前，當我到位於京都的工作室與他見面時，我倆對於在尊重傳統的同時以適切的方法重新詮釋傳統，討論了非常久。正是在對彼此而言如此重要的基礎上，我們建立起深厚的友誼，為此我深深感到榮幸。他邀請我到工作室，向我展示如何進行製作，過程非常有趣。我們也曾在法國碰面，因為他為塞夫爾陶瓷廠（Manufacture de Sèvres）設計了咖啡杯盤組，當時我正好為陶瓷廠擔任餐桌藝術展覽的大使。然後，他出乎意料地對我說：

「皮耶さん，我很想和您合作。」

我驚訝得說不出話。即使在最瘋狂的夢境裡，我也不敢想像以森口的設計所做的的馬卡龍或巧克力盒！而且我根本不可能向他開口，否則我會覺得自己實在太沒有分寸了。不過他看起來真的很想合作，或許也因為他深愛著法國，而這將會是他與法國品牌的首度合作。

偏偏這時遇到新冠肺炎爆發。然而，對於這種等級的藝術家而言，遠距工作不成問題，更不用說視訊會議了。我們需要對談、見面、相處，才能推動這項令我心心念念、原本應該在二〇二三年問世的計畫。我非常期待。

隨著歲月流逝，我感覺自己越來越容易受藝術影響。

藝術不僅是熱情，也是語言，以讓人不安的方式穿透我，激起強烈感受。我可以在法蘭西斯・培根（Francis Bacon）的畫作前一動也不動：畫作的激烈、魄力與狂暴使我起雞皮疙瘩，令我陷入存在主義的思考。對於培根與其對人性的觀點，畫作展現了什麼？

建築也會讓我留下深刻的印象。因此，初次造訪瑪格基金會（Fondation Maeght）時，我感受到一股深沉平靜，我認為一定與建築師尤瑟・路易・塞特（Josep Lluís Sert）處理光線透過這個美麗處所的方式有關。這令我想起李歐納・柯恩（Leonard Cohen）的歌《讚美詩》（*Anthem*），他唱道：「萬事萬物皆有裂縫，光便由此射入。」

面對如此傑出巨作，我會思考，盡情吸收，充實精神。這些寧靜、孤獨、封閉在我的小世界裡的片刻實在太難得。這些體驗未必能立即「派上用場」，但要是從我的世界中奪走藝術的話，我一定會爆炸。因此我會保持藝術欣賞的習慣，並且充分體驗。

頌詩與茶

我也日復一日地耕耘對文字的熱愛。

雖然十四歲就離開正統學校體系，我卻盡量以各種方式不斷充實自己。文學就是其中之一。

戲劇、詩歌亦然。我很佩服能夠將感受與思想化為文字的人。我一直在閱讀，尤其是散文。我對文字的精準度很敏銳，這就是為何我如此熱愛法蘭西劇院（Comédie-Française），那是我盡可能常去的地方。聆聽優美的劇本在舞台精湛演出，真是一大樂事。二〇一三年，前總監慕莉葉・瑪耶特（Muriel Mayette）邀請我到法蘭西劇院，與協會成員羅倫・拉斐特（Laurent Lafitte）進行朗讀座談會。當我發現自己站在劇場舞台上時，簡直嚇到動彈不得，但是幸好後來放鬆了。最後原本一小時的活動，遠超過預計的時間才結束。

我不認為自己有戲劇或寫作的天份！但是我對文化的渴望可不是一兩天的事。我記得在一九九〇到一九九四年間，和好友菲利普・康帝辛尼在詩歌之家（Maison de la Poésie）籌辦了一場活動，是我們的藝術與甜點運動（Mouvements Arts et Desserts）。我們請來作家、哲學家、社會學家，如米歇・翁福雷（Michel Onfray）、米歇爾・菲爾德（Michel Field）、克勞德・費席勒（Claude Fischler）等人。猜猜我們的目標是什麼？將甜點與其他領域產生交集，提升甜點的價值，讓彼時法國的美食與文化地景中缺席的甜點能夠擁有一席之地。我們也請來法律專家，探討食譜的智慧財產權，像是索鎮大學（Faculté de Sceaux）的系主任，或是保護美食作品智慧財產權的專家瓦爾費多－羅蘭・彼列達（Valfrido-Roland Piredda）。這些固然很有意思，然而籌辦這類座談會非常耗時，不久後我們就停辦了。無論如何，這些想必是有益於當代甜點變革與加快高級甜點出現的部分因素。

我在二〇一五年再度來到詩歌之家時，實在難掩喜悅。事實上，記者法蘭絲娃・希瑞（Françoise Siri）想出一個絕妙的點子，她邀請我和法蘭西院士程抱一（François Cheng）一同出席朗讀品嚐會。之前我便有幸結識這名傑出的詩人、作家、書法家。某天在France Inter電台聽到他說話，由於太享受他那睿智溫柔的話語，我便邀請他到創作工坊喝茶。我很篤定這名身體單薄的先生一定非常愛吃甜點。我猜個正著。我們的對話充滿垂涎欲滴的詩意，大多圍繞著馬卡龍的質地與香氣。那段時光非常美好，我很享受擁有這份體驗的樂趣，心想是否還能再見到他。

幾天後，我收到一封美麗的信，裡面裝著一首讚頌馬卡龍的詩，是程先生親手寫下，這是當初邀請他時我沒料到的事。這首詩，我一直隨身帶著：

獻給馬卡龍

完美圓形透露你的芳名
是存在的印記，
既為滿天星辰
亦是人間百果。

透過這份圓，人沉思片刻
宇宙天地轉動的驚奇，
四季更迭
獻給我們的無數滋味。

但龐然天地使人相形渺小，
微不足道如螻蟻；
大地的豐富多產使人驚慌，
朝生暮死如蜉蝣。

我們夢想喃喃低語的同意，
在我們的限度裡。

正在此時，你悄悄走向我們。
突然間就在那兒，在目瞪口呆的我們面前，
可人魅惑的笑意，
色彩香氣交織，

風味之精髓集中於你，
全都鎖進一個小巧的圓形。

大小正好合我們的口，
你本能地隨著一口口節奏，
滲入我們，香脆，柔潤，
至高的電光石火喚醒私密的味覺。
一切再現：
千座金黃果園的春秋，
餘韻猶存的晚秋……
奇蹟就在這裡：
幾分鐘的時間就足夠，
令有限墜入無盡！

——程抱一

因此，要找程抱一朗讀這首詩的時候，我揣測究竟什麼能夠打動他。然後我想到製作馬卡龍，加入以這首詩為靈感設計的香氣。座談會開始時他說道：「一直以來，每當我到一座城市，心裡總是想著，最好的甜點店在哪裡。」我們有很多話想聊，而這正是我們所做的，同時一邊品嚐馬卡龍……

香氣與風味

讀這首自然結合了風味與香氣的詩，不正是以最優美的方式回答人們常問我的問題嗎：「您怎麼會去創作香水？」

我當然不會以香水師自居，不過味覺和嗅覺間的連結確實非常緊密，即使不是兄弟也是近親，而且在我眼中，味覺和嗅覺的運作方式是相同的。此外，這四十五年來我對風味的探索，也讓我在香氣方面學到很多。

調香師和甜點師一樣，會使用水果、可可、焦糖、香草。我也和調香師一樣，在工作上運用花朵、辛香料、香草植物。這兩個職業息息相關，令我驚訝的是，在我與尚－米歇爾・杜里埃合作之前，竟然沒有任何甜點師（至少就我所知是沒有的）借助香水師的能力，讓風味的探索更加精深。

味道與香氣之間的橋樑，就是創造出有趣且空前的風味組合的能力。這種創作方式是從腦力激盪開始，例如想要結合玫瑰與無花果葉，然後是落實這個點子的能力。和製作甜點一樣。

我從十二歲就開始使用香水。第一瓶是Paco Rabanne的香水，七〇年代曾一度蔚為風潮。除了滿滿的馥奇調，也有孜然的香氣，青少年時期的我很喜歡這略帶陽剛感的風格，讓我有自信。然後我改用香奈兒的「紳士」（Pour Monsieur）男香，帶有柑橘與苦橙花香氣，深深吸引了正在成為年輕甜點師的我。接著我愛上迪奧的「曠野之心」（Eau Sauvage），散發木質調與檸檬香氣，是當時紅遍整個世代的香水。有很長一段時間，我非常喜歡愛馬仕那充滿無花果葉香氣的「地中海花園」（Jaridn en Méditerranée），還有同品牌的「濃縮粉紅葡萄柚」（Concentré de Pamplemousse rose），以及克蘭詩的「香醍」（Eau Dynamisante）。女香方面，我獨鍾倩碧（Clinique）的「芳香精粹」（Aromatic Elixir），即使距離很遠我也能偵測到！

其實我非常熱愛香水。二〇一三年某天，我對當時還不是我股東的歐舒丹總裁雷諾・蓋格（Reinold Geiger）坦言自己正在創作香水。

「你覺得設計一款節慶香水如何？一定會是意想不到的合作！」他向我提議。

能接觸全新的感官領域實在太令人興奮，於是我放膽嘗試，並創作出三款香氛而非一款，分別是葡萄柚大黃、苦橙花茉莉蠟菊，以及小橘子蜂蜜蠟菊。蠟菊是參考我妻子使用的保養油，其帶有這種奇特花朵的辛香氣息。

必須承認，第一個組合做得有點「隨便」，因為當時我直接與歐舒丹的製造商一起工作，無法監控部分元素。後來我們與歐舒丹合作開設位於香榭麗舍大道86號的店舖時，雷諾・蓋格提議我繼續創作香水。我接受了，但條件是要尚－米歇爾・杜里埃當我和行銷部門之間的溝通窗口，讓我們盡可能掌握氣味需求。

在那之後我設計了香氛蠟燭，其中一款是讚頌柳橙的香氣，另一款則結合帶有硫味的覆盆子與散發青草氣息的抹茶。我也為歐舒丹設計了不下十六款香水。玫瑰無花果樹訴說我對無花果的熱愛，其葉片香氣是這款香水的主軸。說到黑醋栗大黃，我希望這款香水呈現鮮明的綠色氣息，像是黑醋栗花苞與菜園中蔬菜，也就是其中的大黃。黑檸檬則是和我品牌下的同名馬卡龍同時設計的。

再後來，我開始發想另一款香氛——枸櫞雪松——也是我正在使用的香水，同時還有一款雪松子馬卡龍。

但是不要認為我會想在調香中使用甜點的食材，這恰好相反，我盡量克制自己不要在香水中呈現甜美氣息，因為我覺得很俗氣，除非像Mugler的「天使」（Angel）那般高明巧妙。雖然我運用的香調來自食物，像是正在進行中的下一個創作，以烤杏仁、橙花和枸櫞勾勒出Majorelle庭園和別墅的景緻，不過我會在風味組合中排除美食香調。

我知道這很矛盾，但反正這絕不是我的個人特質……

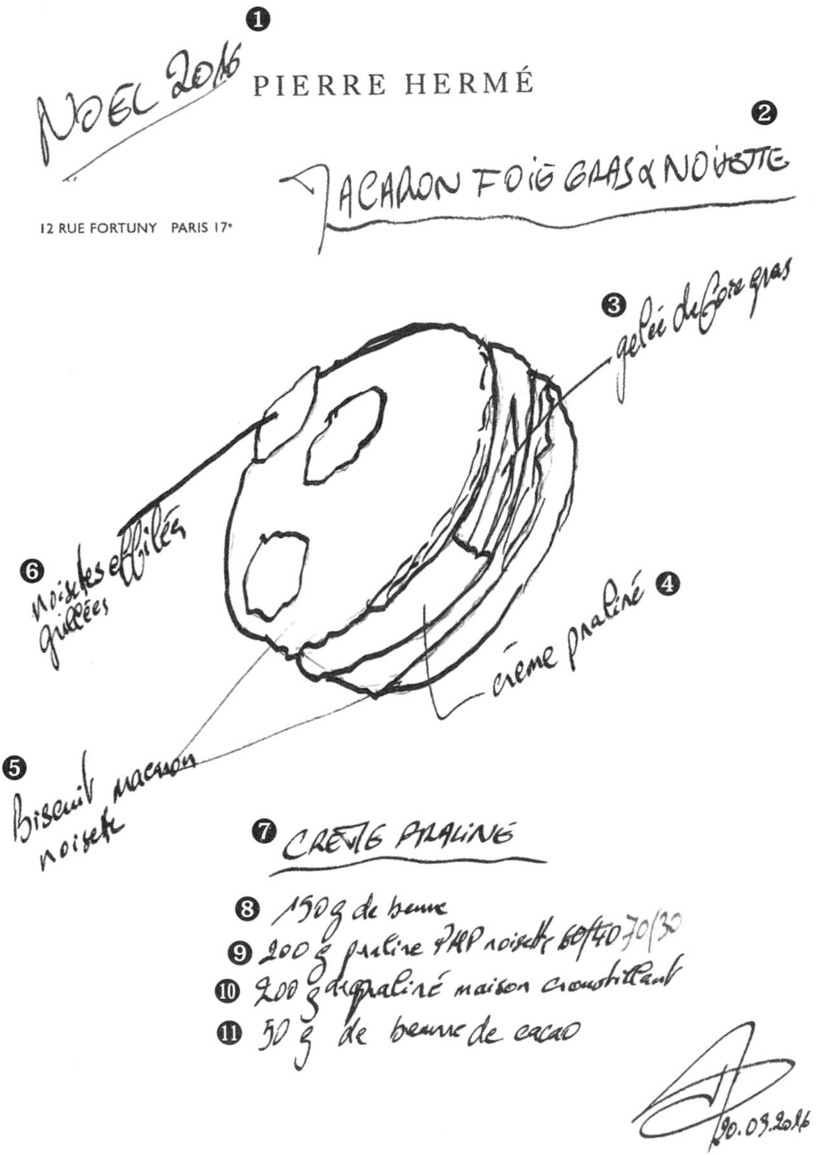

❶ 2016 聖誕節
❷ 肥肝榛果馬卡龍
❸ 肥肝凝凍
❹ 帕林內奶霜
❺ 榛果馬卡龍餅
❻ 烤榛果薄片
❼ 帕林內奶霜
❽ 150 公克奶油
❾ 200 公克 60/40 70/30 純榛果醬
❿ 200 公克自製香脆帕林內
⓫ 50 公克可可脂

11 進化

美妝與藥鼠李

在人生和商場中，沒有任何事是永遠不變的，除了變化本身。過去這十年間的動盪起伏與變化就向我證明了這一點。萬物不斷變動，一些大事件有時令我們惶惶不安，但人類共乘的大船總是能克服海浪，即使在暴風雨中也是。船長很堅定，忠心耿耿的水手堅守崗位，Maison Pierre Hermé Paris品牌以前所未有的強悍姿態戰勝考驗，更充實了新的專業知識。

先來個前情提要。

二〇一四年我們即將與京都的麗池卡爾頓酒店簽約不久前，看好我們發展的銀行資金想要出售其股份，以便賺取利潤。這在商場上很常見。於是當時的合夥人夏爾勒・茲納堤和我開始尋覓新的合夥人，以持續國內與國際上的擴張。就我這方面，多虧好友奧利維耶・博桑，我認識了歐舒丹的老闆雷諾・蓋格，他在一九七六年成立這個天然美妝品牌。雷諾・蓋格生於奧地利山腳下，是低調但出色的企業家。他在一九九四年入股歐舒丹，兩年後成為控股股東。

在與他和他的公司合作創作香水後，我很欣賞他的忠誠與嚴格要求。這是我非常重視的價值觀。於是，當他表示有興趣成為我們公司的少數股東時，我們欣然接受了。二〇一五年底，歐舒丹集團企業基金入股我們。

當時，Maison Pierre Hermé Paris 品牌已經有五百名員工，銷售點遍布全球，同時也與皇家夢索酒店、京都的麗池卡爾頓、東京的新大谷合作，在酒店內經營甜點店，而且 Café Dior by Pierre Hermé 才剛在首爾與東京開幕。

二〇一六年的某個早上，雷諾打電話給我，提出一項驚人的計畫。

「我親愛的皮耶，法國的執行長有機會在香榭麗舍大道上找到一個點。但是有一千平方公尺，對歐舒丹的店面來說太大了，因此我在想，也許我們可以共用這個空間，打造一間全新的概念店，讓香氛與甜食共存。你覺得怎麼樣？動作要快，因為香榭那邊的店面很難找。我們下午再聯絡。」

如各位所知，雷諾的行動迅速，最討厭猶豫不決。他一直想在香榭麗舍大道上開設一間旗艦店，即使歐舒丹在附近的百貨已有櫃點。能看到自己的品牌在那兒大放異彩，當然也讓我有點暈陶陶的。在此分享一件小趣事：我們提到的店面就在拉杜蕾的正對面，十八年前我曾負責安排開幕……不過這不重要。最讓我感興趣的，是這項計畫創新與大膽的一面。而且經過幾個小時的思考後，我的合夥人夏爾勒．茲納提和我接受這項挑戰。

這可是個大挑戰。

常常有人跟我說，把美妝品和甜點放在同一個地方好像有點不適合。我反而認為相當有意思，於是寫下這個源自與奧利維耶．博桑的友誼、以我和歐舒丹共有的價值觀為基礎的故事，關於美感、創造、革新以及原料的品質。再者，培養新的職業實在太令人興奮……這簡直太瘋狂了，畢竟要在九個月內設計並打造這個混合空間，包含餐廳兼茶沙龍、甜點櫃、甜點吧，還有香水展示櫃、護手霜吧等。多虧建築師蘿拉．貢札雷斯（Laura Gonzalez）的才華，這些空間保有各自特色的同時，也能美妙地融合。光是為了Maison Pierre Hermé Paris品牌，就必須招募一百四十人，而且還要針對我們沒那麼熟悉的職業類型為他們進行培訓。由於我們也是第一次接觸這些職業（總之在品牌內部如此）：有了餐飲，就有鹹食廚房、餐桌服務和咖啡師技術。當然，我將所有這些專業技藝做到最徹底，因為我從不半途而廢。

餐廳方面，我想為主要前來享用甜點的顧客提供一些鹹食！菜單很簡單，包括我情有獨鍾的私人菜色，如白醬燉小牛肉或烏魚子義大利麵，不過主要是以甜點為靈感的菜餚，像是著重麵糰功力的酥皮肉派、皇后一口酥。我也很喜歡在鹹食中加入常用於甜點的元素，像是鹹的法式吐司、用覆盆子裝飾檸檬汁醃生魚、以酸黃瓜風味醃小橘子和巴薩米克白醋凝凍作為嫩煮韭蔥的調味……

咖啡吧台方面，我對咖啡下了許多功夫。自從二〇一三年結識「咖啡樹」的伊波利特・庫爾蒂後，我就對咖啡產生興趣，不過香榭86總算讓我有機會可以更進一步，甚至在Maison Pierre Hermé Paris品牌中催生出新職業，後來我們在自家品牌的其他店面中發展。若說我全心學習咖啡師的技藝，很可能是因為這個職業與甜點師有許多共同之處：這份工作需要精確的設備以秤量一切，如咖啡和牛奶，力求萬無一失。特別是水，必須使用專門的過濾系統，不能使咖啡混入怪味。順帶一提，我立刻就會發現怪味。

這個世界很迷人，讓我重溫十八歲剛認識葡萄酒釀造學時的喜悅。一如葡萄酒，我也迷上了咖啡，甚至購入咖啡師的所有設備行頭，如機器和秤。我在家也會秤咖啡，因為我連油醋的材料都要秤重呢！透過分析豆子的烘焙程度、甜度、香氣，持續訓練自己：巴西伊帕爾的紅咖啡有巧克力氣息，衣索比亞的蓋迪歐（Gédéo）有杏桃香氣……當然，我只喝最優質的咖啡。除了濃縮咖啡的形式，也有冷萃（食譜請見第265頁），是夏天冰箱中的常備品。

我對咖啡樹的花也相當感興趣，試圖捕捉這股幽微的蔗糖香氣以製成馬卡龍。還有藥鼠李（cascara），這其實就是咖啡豆外層的果肉，又稱作「咖啡櫻桃」，日曬後可做成熱飲或冷飲飲用。我們在香榭86的飲料單上提供這道飲品，為此我非常自豪。飲品單上有各式各樣的特製咖啡，如濃縮咖啡、卡布奇諾、拿鐵、馥列白（flat white），可搭配牛奶、燕麥奶、杏仁奶或豆漿。

這些全都是必須經過品牌內部的專業培訓師訓練，才能達到精湛的手藝，因為咖啡學和**拉花**（打奶泡，並在其上做出漂亮圖案）都不是隨興所至的！

我們對茶也做了鉅細靡遺的研究，這個領域比較沒那麼複雜。話雖如此，所有的茶都仰賴卡琳．鮑德利（Carine Baudry）等專家為我們精挑細選與增添香氣。當然，用來泡茶的水會加熱到最適合的溫度，並以計時器計算浸泡時間。

香榭86於二〇一七年十二月開幕，就在強尼．哈立戴（Johnny Hallyday）的葬禮前幾天。我記得很清楚，因為那是許多驚喜與失落的起點。

這條世界上最美麗的大道自成一個世界。開設與歐舒丹合作的概念店時，我們同時瞄準巴黎人和觀光客，希望將這裡打造成日常與聚會的地方。然而沒多久就碰上黃背心的罷工，接著是抗議，嚇跑了客人。我很清楚，因為確實有暴力行為，我們也遭受重大的實質損失，露台和櫥窗都被破壞。營業額一落千丈，隨之而來的新冠肺炎疫情更是雪上加霜。我們這種中型企業有如一艘開始載沉載浮的船，已經吃不消了。不能再執迷下去。我們狠下心，決定離開這間歐舒丹掛保證的香榭86直營店，因此我們停止鹹食餐飲的營運，僅保留茶沙龍、外帶與內用甜點。

對我而言，事情並未就此結束。一起打拚二十三年後，我的合夥人夏爾勒．茲納堤將他在Maison Pierre Hermé Paris的股份賣給歐舒丹，原因非常明確。我們倆的分工合作一直很順利，因為在根本上我們確實意氣相投，也算相輔相成。擁有廣告學位的他，仰賴我的創造力磨練他的溝通技巧，為品牌的發展貢獻良多，不過動力當然是來自我的甜點師職業。然而慢慢地，我們的渴望與抱負開始出現分歧。人生就是這樣。夏爾勒可以在甜點以外的領域工作，我沒辦法。

他的離去固然令我無奈，但我能讓自己不受心情影響。打從一開始我就知道自己的方向，很明白自己的長處、弱點，以及創造的能力。我也很清楚該與什麼樣的人打交道、能透過誰得到幫助。此外，夏爾勒離開的前兩年，我主動為法國的經營招募了一名營運總監——奧利維．卡巴洛（Olivier Cabarrot）。

我繼續前進，並沒有將香榭86的不如意視為失敗。那是情勢所迫，我做了必要的決定，而且是正確的。我只記得這次經驗的光明面。首先是為我們在法國與國外帶來許多能見度。再者，隨著香榭86開幕所帶來的思考與職業培養，我們如今正在其他地方成功地發揮著這一切。

我們在料理與餐飲管理方面下的功夫，現在在巴黎七區帛帕薩拱廊街的茶沙龍與馬拉喀什時拉瑪穆尼亞的 Majorelle 酒吧發光發熱。我處理這件事的方法有點特別，畢竟我的目標是結合廚師與甜點師的專業技藝。為此，我與行政主廚阿奈絲．杜提勒（Anaïs Dutilleul）合作，我們之間建立起深厚的夥伴情誼。身為經驗豐富的老饕，我非常清楚自己想吃什麼，而我對想要提供給顧客的餐點要求更高。雖然我在食材和技術方面很瞭解料理，不過在專業實務上當然遠遠不及才華已出料理範疇的阿奈絲：這是我第一次遇見知道如何與像我這樣的甜點師合作的廚師，因為我的工作方式要求精確、嚴謹和規律。她完全掌握了我們的工作方式，像是如何秤量每一種食材。她不僅同意合作的成果很不錯，也認為這為她的職業帶來全新的面向。於是我們繼續合力改良配方，例如我尚未全然滿意的酥皮肉派。我向主廚貝爾納・帕科之子馬修・帕科（Mathieu Pacaud）敞開心房，馬修對我說：「來一趟我們的 Apicius 吧，我會把父親的食譜告訴你！」

我們和阿奈絲一起去了餐廳，因為她和我同樣熱衷於瞭解傑出主廚的祕訣。

改良酥皮肉派與其他許多事物的同時，我們還做了奶油酥盒（vol-au-vent），內餡有小牛肉、雞肉、肉丸和蘑菇，是我情有獨鍾的小點，因為這道象徵性的糕點熟食是對千層酥皮的至高禮讚！總之，我們繼續前進……

也許日後會有其他茶沙龍，我們可以提供 Maison Pierre Hermé Paris 的鹹點。我的用意不在增設分店，但若沒有好好利用這五年來建立起的卓越技藝與大量鹹點「資料」，豈不是太可惜了？使用的食材來自嚴格的採購：永續捕撈的魚、當地種植的蔬菜（有時來自巴黎的屋頂，但大部分是有機的）、有機雞蛋等。這些料理很忠於品牌的世界觀。

至於 Café Pierre Hermé Paris，這些咖啡店補足了我們的甜點世界。因為深受喜愛，我們在巴黎共開了四間店，分別在 Saint-Placide 路、Saint-Germain 大道、里昂（Lyon）和蒙帕納斯

（Montparnasse）火車站，在拉瑪穆尼亞、卡達和泰國也各有一間。我有預感，這一切不會就此結束……

現下與葡萄柚

今日，Maison Pierre Hermé Paris 發展的很壯大了。

我們為工坊、總部、日本分公司（位於東京，京都、神戶和橫濱也有）、店鋪雇用約六百五十名員工，他們遍布日本、英國、香港、泰國、卡達、沙烏地阿拉伯、摩洛哥、德國、摩納哥、尼斯和史特拉斯堡。在巴黎或整個巴黎大區，我們擁有超過二十個販售點，其中三個在艾菲爾鐵塔，是獨家合作。為了向鐵塔致敬，我們創作出兩款馬卡龍，上面印有「La tour Eiffel, Paris 1889」。第一款「鐵塔庭園」（Jardin de la Tour Eiffel），其口味結合新鮮薄荷的清新與巴西單一產區派內拉斯巧克力甘納許的濃郁。另一款「塞納河畔的庭園」（Jardin sur la Seine），則結合覆盆子的芬芳與馬達加斯加單一產區米羅莊園巧克力的柔滑豐盈。這些甜點於三樓的馬卡龍吧、一樓的餐酒館以及塔頂的香檳吧販售。我們的品牌能夠出現在法國最具代表性的地標，真是榮耀與幸福。

我們正在機場與火車站等人潮眾多的區域增設店面，例如在日本有五間，之後是巴塞爾－米盧斯（Bâle-Mulhouse）和魯瓦西（Roissy）的機場。

在法國與國際上的成功，絕大部分是靠馬卡龍打下的。成功之所以能夠持續，無疑是因為我們確保馬卡龍的品質永遠在最佳狀態，而且在絕佳的經典口味（無限香草、開心果、咖啡、帕林內等）和 Fetish（伊斯法罕、莫加多爾等）之外，也不斷推出新口味。因此每兩個月就會依照季節、我的想法與創作，變化馬卡龍系列。最新的馬卡龍包括「無限葡萄柚」（Infiniment pamplemousse）、「青春之園」（Jardin Jouven，檸檬香蜂草和檸檬）、「無限胡桃帕林內」（Infiniment Praliné aux Nois de Pécan）與「拉瑪穆尼亞庭園」（Jardin de La Mamounia，檸檬和阿姆魯）。

我的最愛之一，就是「無限摩洛哥咖啡」馬卡龍，衍生自同名甜塔，是為了紀念在馬拉喀什的傑馬艾夫納廣場（Place Jemaa el-Fna）上的一間店裡喝到的辛香料咖啡。我們和拉瑪穆尼亞甜點主廚斯蒂夫．堤耶利（Steve Thierry）一起享用咖啡時，杯中散發出小荳蔻、八角、黑種草、黃金芝麻、肉桂和薑的香氣，迷人到我想捕捉這些香氣應用在甜點上。於是我請主廚去拿小磅秤回到店裡，以便秤量咖啡壺中綜合香料的精確克數。後者欣然答應我們的要求，我要好好感謝他，因為「無限摩洛哥咖啡」就是由此誕生的，後來我以馬卡龍形式詮釋這股強烈但細膩的香氣，在馬拉喀什和法國皆有販售，而且在法國「faire un tabac」，亦即很受歡迎。「tabac」一字讓我想到，幾年前我曾用 Cohiba Behike 雪茄的菸草葉為某位這款雪茄的愛好者特製一款馬卡龍呢！

由於封城，加上各地區顧客要求，我有了打造新產品的點子，那就是 Nomade 甜點，這是以品牌的 Fetish 口味製成的多層蛋糕，可以冷凍配送（-18℃），只要放在冰箱解凍八小時，甜點就會恢復到最佳風味與口感。

近年來，我們也大幅拓展新鮮甜點的銷量，因為現在在巴黎的十個銷售點都有販售這樣的甜點，最近也才剛在 Saint-Louis 島上開了一家新店面。為此，我們要仰賴位於蘭吉斯（Rungis）的工坊，那裡有五十名男女甜點師製作一人份甜點，還有大型甜點、甜麵包與冰淇淋。

對於這件事，常有人問我：「艾曼先生，您仍製作甜點嗎？」

我總是回答，無論有沒有我，我們的甜點都是完全一樣的。因為 Maison Pierre Hermé Paris 的甜點師非常專業，而且精準嚴格，不容任合差池。我大可以發明全世界最優秀的甜點，但要是工坊的「指揮」（Sébastien Claverie 為主，其餘為 Paul Filippi、Yannick Neubert、Vincent Vuillemey、Alexandre Braizat、Élisa Faivre、Valentin Le Maréchal）不在場協調安排製程，我們店就不會一年到頭都有甜點、馬龍卡、巧克力。我們公司的其他職位固然很重要，但我特別提及的這些人他們關心、支持、發展與提升甜點師這一行，而這正是品牌的反應爐。

疑問與酪梨

俗話說：「熟能生巧。」在我的標準中，大概要重複一百遍才算熟練。因為我對自己的批評最嚴苛。

首先是味道方面，即使這是我最有自信（也覺得最重要）的領域亦然。從這角度來看，當我已經對自己有意見時，他人的意見就很少會影響我。如果我覺得某款甜點未完成，就會不斷精雕細琢，直到完全滿意為止。這可能會花上一些時間，有時是幾個月，有時則是好幾年。不過當我對某個產品有把握，而且知道很好，那麼批評也不會讓我動搖。例如，若有人對我說：「這太特別了，甚至有點怪」，這非但不會讓我喪氣，反而讓我更堅決。

我並不是說自己永遠是對的，但是在味道方面，還是發生過幾次！

我創作新的馬卡龍口味（香草橄欖油、肥肝榛果、魚子醬、二十年巴薩米克醋等）或一款巧克力酪梨香蕉多層蛋糕時，有些確實會令人皺起眉頭。我理解有些人不喜歡，但我很難接受缺乏好奇心，以及／或是不承認某種有趣風味組合的人。也就是說，我想要的只是討論和解釋。要是人們總是同意彼此，那世界就不有趣了！

我創作出伊斯法罕風味組合時，所有人都信誓旦旦地說這絕對賣不出去。要不是我這麼頑固，一定早就放棄了。他們錯了，因為這是我們如今的指標性甜點，法國和世界各地的無數甜點師都爭相模仿。我甚至在波哥大一家名叫「瑪麗安東尼」的甜點店看過呢！順帶一提，我完全不在意被模仿，反倒認為這就像致敬，是我在這一行中留下足跡的象徵。

因此有些批評對我來說就像船過水無痕，但不表示我聽不進他人對我的評語。要是販售某個我自認很成功的創作，然而一次、兩次、三次，顧客都不買單，我就會坦然接受失敗。我會自省，質疑自己……過一段時間再繼續努力！

如果顧客寫信表達對我們的甜點不滿意，客服人員會通知我；若是較麻煩的問題，我就會盡全力處理。多年前，某位先生吃甜點時咬到一顆螺絲，傷到一顆牙，我立刻致電關心他的狀況、向他致歉，並且保證我們會負責所有的治療費用，這是我們最起碼能做到的事。接著我們取回那顆螺絲，進行鉅細靡遺的調查，以找出這起事件的根源。從那以後，我們加強控管，以防這類事件再度發生。

如果有記者批評我們的創作，例如我們的橙花口味國王派遇到的狀況——他覺得香氣太重了——那麼我會試著理解原因，必要時會與對方討論並說明創作。

同事或同行在品嚐我的創作時告訴我某些部分可以改進，我會聽進去。

而妻子薇樂麗對某件產品提出意見，我一定洗耳恭聽，因為她是極少數會毫不恭維地告訴我想法的人。但這不表示她永遠是對的，這件事就是證明：某天我讓她試吃我們即將推出販售的糖果「無法抗拒」（Irrésistible），有杏仁、榛果，糖衣是焦糖或香草口味。薇樂麗嚐了後發簡訊說：「不怎麼樣……」

我很不高興，因為我覺得真的很好吃。於是我讓身邊的人試吃，以瞭解他們的反應，沒幾分鐘盒子就空了。我太太承認自己錯估了這些美味的小零食，貪嘴又吃一些後更改觀了！

說真的，如果有某些地方「不對勁」，我能感覺得出來，姑且稱之為直覺或經驗吧，無所謂。我不一定能馬上找到解決之道，不過我會不停尋找。

時代複雜，因此我會持續思考。很多事情隨著疫情而大大改變，像是消費習慣、溝通方式、員工招募。我們安然度過了這段時期，因為 Maison Pierre Hermé 團隊不計成本地動員起來。我們打造出 Les Pâtisseries Nomades 網站並加強發展以適應變化，如今是我們銷量最好的店。

除此之外，這段期間我也換了合夥人。共事六年後，我們的股東希望釋出他的股份。我們相處融洽，然而疫情趨緩後，歐舒丹集團企業基金想要將投資重點重新放在該集團的原有業務上。再者，即使 Maison Pierre Hermé 的營業額在一億歐元左右，與歐舒丹的二十億歐元比起來根本是九牛一毛。

於是我們重新檢視公司的股份，法國巴西裔商人華特・巴特勒（Walter Butler）與他的公司 Butler Industries 最出名的是投資巴黎聖日爾曼隊（Paris Saint-Germain）、過去的 Flo 集團以及幾年前的拉丁天堂（Paradis latin），他對 Maison Pierre Hermé Paris 一見傾心。華特是個熱情活潑，愛好美食也很懂得享受生活的人，他很欣賞我們品牌的代表是一名擁有國際知名度與深厚潛力的創作者。二〇二一年底，他買下股份。我們在前一年的夏天認識，他對我們品牌價值觀與內涵的見解立刻吸引了我。他不僅尊重，更深入瞭解，以便仰賴品牌價值觀與內涵帶領公司發展。

透過交流與思考，我們將攜手前進，加強各方面的專業技藝、產品的品質、創意與內部培訓，同時也要讓招募方式、團隊的工作環境與時俱進，進一步提升店面的接待與服務，增加在社群網路上的曝光率。一切都再正常不過，因為一間公司的生命就是各種變化構成的，不能安於現況。

這些問題，我會以兩種身分認真以待：首先是負責數百名員工生計的企業家，再來是甜點主廚的身分。如果不以最謹慎的態度處理，鉅細靡遺地處理這些事物，就可能波及風味研究，而這永遠是我這份職業的核心。

採購與榛果醬

近年來，另一項重要工作也引起我高度關注，那就是原料採購，包括麵粉、牛奶、奶油、蛋、堅果或新鮮水果等。

高級甜點品牌在這方面應該要走在最前面，從商業角度來看亦是如此。因為資訊發達，顧客不再只是單純地買蘋果派，同時也購買連帶的價值觀。過去三十年，對於品質的標準，也就是味道的水準、可追溯性、生產方式與生產鏈、銷售管道等，已經大大不同。前面我們已經以法芙娜巧克力討論過這部分，以價值來算，法芙娜是我們最大的原料供應商，因為我們每年購入一百五十公噸的巧克力，該公司就落實得非常好。

我最大的夢想，是直接向生產者購買道德且有機的農產品，這是最短的採購流程。現實的諸多限制使我們無法達到理想，不過我們每一天都在為此努力。我們對原料的品質從不妥協，如今更進一步制定極度嚴格的規範。我們的供應商必須遵守規範，否則他們的農產品就進不了我們的工坊。這個規範涵蓋數百種食材，每一項都會經過深入研究，是長期的工作。這些調查的原則與需求各異，不過味道當然是最重要的標準。

最近我們在水果和蔬菜方面花費許多苦心，作法是盡可能直接與生產者購買，也就是避開大型經銷商。我們的目標是能夠標示出果農和菜農，指明這些洋梨、桃子或榲桲是在何時、何地、以何種條件種植生長的。我們在蘋果和草莓大部分是以這個方式購入的，但我們越是依賴致力於良性農業循環與感官特性的生產者，農產的供應也會更短缺與不穩定。按照其定義，以這些農法所產的農產品大大取決於季節與氣候條件。我們的其中一名草莓生產者只能提供整整一個月品質絕佳的草莓，多一天也沒辦法。要在當季剩下的日子供應草莓，就必須仰賴法國其他地區的生產者，所以我們也不停尋找其他果農。

柑橘也是如此，有些生產者可以為我們的小型實體店供應檸檬、柳橙或小橘子，像是拉瑪穆尼亞，但要能供應整個 Maison Pierre Hermé Paris，就是另一回事了。無論如何，我們不會對品質有任何讓步，也很信任賽德里克・卡薩諾瓦（Cédric Casanova）十一月到四月這段期間為我們在西西里尋找的優質檸檬。

永續採購（re-sourcing）的工作工程浩大，不過令人滿意，因為我們正在積極前進：幾年前，我們一部分的水果來自直接交易的生產者，如今採購比例已經達到八五％。雖然不太可能達到一〇〇％，不過我們正在努力接近目標。

有機農產品也是如此：只要能掌握想要的風味與所需數量，我們一定選擇有機。杏仁就是諸多食材中的一例。蛋或乳製品更棘手，因為（目前）不是有機的，而是來自放養或理性農法養殖的母雞。

全球性採購是有代價的，我們有義務控制其影響。除了考慮帳面數字，我發現在尋找頂級農產品的過程中，最振奮人心的顯然是隨之而來的靈感……而且數量可多了。

香檸檬與濃縮咖啡

我六十歲了，創造的渴望卻比以往更加強烈。還有好多事情等著我去做，靈感簡直源源不絕地湧出！最奇妙的是，我依然覺得創作很有意思，甚至越來越有樂趣。

當然也有新的風味組合。我腦海中總是不斷冒出這些點子。

最新創作中，我很喜歡「奧蘿拉」（Aurora），是香檸檬和玫瑰的組合，但讓我吃足苦頭。在馬卡龍裡，這個風味組合的效果很好，然而當我想把它做成甜點時，香氣卻消失了。甜點裡沒有一絲香檸檬的氣味，而且酸味也突然不見了。我們試了五、六次，經過多次試做才開發出這款應用了一部分伊斯法罕美感準則的甜點。

我也對「KOKORO」情有獨鍾，其名稱在日文中的意思是靈魂與精神。這是我應日本的行政主廚克里斯多夫・德拉皮耶的要求所創作的，他想在夏季推出使用熱帶水果的甜點。「KOKORO」是吸滿香草柑橘鳳梨糖漿的巴巴，上面是加入青檸皮絲、香草與小塊焦糖烤鳳梨的鮮奶油，並以少許百香果果凝提味。由於這款甜點在日本大受歡迎，現在我們也在法國製作，不過是在西半球的熱帶水果與柑橘產季，也就是冬天。

說到柑橘，最近我在科西嘉嚐到聖思維糖果店老闆馬賽爾・桑提尼製作的糖漬青檸，這才發現我從來沒想到製作無限青檸馬卡龍。一定是因為明顯到反而被我忽略了！青檸非常迷人，清新鮮爽，靈感也自然而然冒出來。才試做一次，我們就決定保留配方……

與 Nespresso 的全球合作是另一個關於創作的故事，這是 Nespresso 史上第一次與風味創作者共事。

他們注意到我對咖啡的明顯偏好後，Nespresso 團隊聯絡我，想要和我合作優質的（原味或風味）咖啡、巧克力、蠟燭、沙布列和甜點等。起初，他們提議讓我從已經完成的產品中挑選。這完全不符合我的工作方式，不過我想在拒絕之前，先與 Nespresso 的總裁紀雍・勒康弗（Guillaume Le Cunff）談談。我立刻就喜歡上這個人，至少因為今年他已經讓品牌獲得 B 型企業[13]認證，這表示從現在起，公司必須符合社會與環境的最高要求。我很坦白地告訴他，在味道方面，我要就要做到徹底，否則就不做。

「我拒絕只為了賺授權費而在產品上掛名。如果為您的公司投入，那是由於想要為您帶來不同的東西，如此我們的合作才有意義。」

紀雍・勒康弗非常開明，一口答應了。我們一起打破了他團隊中的一些框架，因為他們的思考模式很依賴這些框架，有時會受到我的思維衝擊。不過我已經習慣說服他人消除對新事物的抗拒，這得以打造出令我相當滿意、也很不一樣的系列產品，包括有機原味咖啡（哥倫比亞托利馬產區），以及由我監督採購、採收後的處理與烘豆，也有風味咖啡（一款是榛果風味，

13 編注：美國B型實驗室發起的認證，頒給運用企業力量解決社會與環境問題的企業。

另一款是覆盆子風味，單獨或加奶飲用皆宜）、一款錫蘭肉桂覆盆子沙布列、一款靈感來自帕內拉紅糖（sucre panela）與咖啡花甘草香氣的蠟燭、一款尼泊爾胡椒七〇%巧克力，以及一款含有香草、榛果與咖啡粉榛果帕林內的聖誕木柴蛋糕。

這項深入進行的工作花了我大把時間，卻讓我很開心，因為對我來說是新的工作方式。一如往常，這又引發了其他事物：我已經開始研究咖啡花口味的馬卡龍。更不用說他讓我去哥倫比亞，我們逛遍咖啡莊園，從源頭結識生產者，還順便拍了影片要宣傳這項合作呢……

我的冷萃咖啡

可製作4人份

準備時間5分鐘

靜置時間8小時

食材：

過濾水1公升

巴西伊帕爾紅咖啡70公克

步驟：

咖啡豆磨粗粉➡咖啡粉放入玻璃冷水瓶，然後注入過濾水➡冷藏至少8小時➡濾去咖啡粉後，加冰塊飲用

JARDINS 2015 ❶

PIERRE HERMÉ

12 RUE FORTUNY PARIS 17e

MACARON JARDIN DE VALERIE ❷

Biscuit macaron jaune ❸

cubes de cédrat confit. ❹

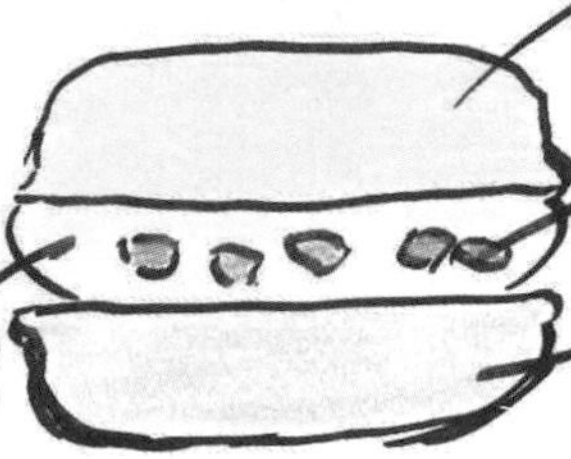

Biscuit macaron "paille" ❺

❻ - crème à l'immortelle

❼ CREME A L'IMMORTELLE

❽ 450g de crème liquide

❾ 500g de chocolat blanc (VALRHONA)

❿ 0,5g d'essence naturelle bio d'immortelle (AQUARONE ALERIA)

⓫ EQUILIBRÉ

⓬ 8/10 g biscuit macaron

⓭ 7g de crème à l'immortelle

⓮ 3g de cédrat confit

⓯ voir Mr Santini pour le cédrat

⓰ cubes

⓱ pâte

12/04/14

31.03.14

❶ 花園 2015 版
❷「薇樂麗的花園」馬卡龍
❸ 黃色馬卡龍餅
❹ 糖漬枸櫞方丁
❺「乾草色」馬卡龍餅
❻ 蠟菊奶霜
❼ 蠟菊奶霜
❽ 450 公克液態鮮奶油
❾ 500 公克白巧克力（法芙娜）
❿ 0.5 公克天然有機蠟菊精油（AQUARONE/ALERIA）
⓫ 平衡
⓬ 8/10 公克馬卡龍餅
⓭ 7 公克蠟菊奶霜
⓮ 3 公克糖漬枸櫞
⓯ 方丁
⓰ 軟糖
⓱ 枸櫞
找桑提尼先生

12 放眼未來

鷹嘴豆水與杏仁奶

雖然我還有許多領域有待探索，不過其中一個領域在我與 Maison Pierre Hermé Paris 心目中的分量越來越大，那就是純素甜點。

對像我這樣接受傳統訓練的甜點師而言，不使用任何動物性食材製作甜點的概念絕對讓人頭痛不已。我學到的甜點，是用蛋、奶、奶油、鮮奶油製作，這些都是甜點的基礎。取代這些食材，在風味與技術上都是一大挑戰。不過這也是創新的絕佳機會，因此我躍躍欲試。

像我們這樣的品牌，絕不能忽視純素風潮的崛起。基於各式各樣的多種原因，越來越多消費者選擇不含動物性蛋白質的飲食。有些人是基於環保與道德的理念，有些人則是出於文化、健康或宗教，也有以上皆是者。因此，就像現在餐廳提供純素或是至少有素食選項，對我而言，為這種新式美食推出好吃的甜點也變成要事。

我刻意使用「好吃」這個形容詞，雖然我花了很長時間才在純素甜點上有些進展，那是因為我卡在味道這一關，畢竟這仍是我做任何事的主要著眼點。然而很長一段時間裡，沒有任何純素甜點能讓我心服口服。我覺得這些糕點全都味道寡淡，厚重黏膩。不過這幾年我開始對純素甜點有興趣了，因為我喜歡當先驅、創造驚喜、把握渴望的先機，但是我找不到讓我想要進入這個世界的風味火花。直到有一天，一名在香港的餐廳工作的年輕甜點主廚帶著她的純素甜點來找我，讓我品嚐。實在太美味了，那就是第一個觸發點。還有其他的，像是結識 Luna Création 的安卓雅．侯卡傑（Andréa Rocagel），這三年來，我常常與這名年輕女性交流，她做的素食「月亮」（Lune）是內餡入口即化的小點心，口味非常特別。

大約在同一時間，法芙娜也讓我試用植物奶巧克力樣品：一款是杏仁奶，另一款是米奶（譯注：其實就是米漿）。米奶的味道有點太重，不過杏仁奶非常好，我把它放在心上了。不久後，我嚐了 Land & Monkey 麵包店創辦人侯道夫．蘭德曼（Rodolphe Landemaine）的甜點，他原本是「傳統甜點師」，後來變成積極的純素主義者。他的閃電泡芙、甜塔和美式餅乾實在太好吃了。同時間，以尼可拉．克魯佐瓦（Nicolas Cloiseau）為首的 Maison du Chocolat 向我提議合作特製甜點的快閃活動。開會時，尼可拉讓我試吃他的一〇〇%純素甘納許，我覺得太美味了，而且毫無一絲怪味。那一刻，我豁然開朗：我要製作我的第一個純素甜點。

如果在十年前，我或許會覺得這是一種懲罰，然而現在卻變成創作的契機。我開始研究這些食材，與許多專家人士對談，像是素食美食協會（Institut de la Gastronomie Végétale）的創辦人加亨・卡斯多羅（Karin Castro）。這個全新的工作方向顯得困難重重，不過我並沒碰壁，這些障礙讓我更有理由深入探索純素甜點。在工作中學習新事物，以不同的方式處理使其蛻變，在職業生涯的這個階段，沒有比這更美好的了。

對我們品牌而言，純素甜點不僅是艱鉅的工程，也是振奮人心的挑戰。光是以不同方式思考是不夠的，還要從零重新開始，改變思考模式，忘掉對食材、對基底、麵糰、技法的固有認知，才能學會新的技法與知識，例如以鷹嘴豆水（aquafaba）取代蛋白，以堅果泥取代奶油、尋找優質的植物性鮮奶油、重新檢視混合過程、研發適合的千層麵糰折疊手法、調整揉麵過程或靜置時間等。

這些都完成後，最重要的就是重新啟動味覺，感受沒有牛奶和奶油的甜點風味！

為了打造首度推出的純素甜點，我們做了無數試驗。我希望它們的風味和我所有創作一樣，達到無懈可擊的程度。我的目標是，顧客會如同享用「伊斯法罕」或「蒙特貝羅」一樣，真心喜愛「沙漠玫瑰」（Rose des Sables，玫瑰杏仁奶巧克力帕林內塔）和「黑醋栗之花」（Fleur de Cassis，貝里斯可可、黑醋栗與黑醋栗花苞口味的多層蛋糕），絲毫不受純素標籤的影響。

對於這兩款甜點而言，我相信達到目標了。若盲品這兩款甜點，沒有人會猜到是純素的。

這也是為何隨著時間過去，我們將這兩款新品加入正式品項系列。對我來說，純素甜點不該被邊緣化，如果只是為了純素而純素，那我們就是搞錯方向。相反地，純素甜點應該要是我們的「常備」產品，沒必要為此張揚。我們打從一開始就以一貫的高標準要求風味和口感，而且純素甜點與我們的其他甜點一樣美味，就這層面來看，純素甜點不該在我們的店裡受到「歧視」。就由我們提高它們的能見度，使其經得起時間考驗，讓純素甜點在我們勢必要重新定義的各色甜點中能占有一席之地。

新事物總是會帶來其他新事物。陌生的食材帶給我許多靈感，因而產生創新，例如為香榭86創作的「沙漠玫瑰」聖誕木柴蛋糕、純素馬卡龍……這幾項創作少量生產時味道非常好，大量生產時則較差。因此我正在重新檢視配方，因為真正奢華的高級甜點店是不能容許一絲差錯的。尤其純素甜點原料，成本往往高於傳統甜點，這些原料是由小型的食品科技公司開發，光是生產植物性蛋白質就需要投入可觀的資本。我也和許多年輕創業家交流，他們會問我對某些產品的意見。

總之，全新的篇章才剛展開，這還只是開端呢！我會與我的研究和研發團隊繼續鑽研，成員包括 Yann Evanno、Manon Derouet 與 Thomas Bassoleil。目前有好幾個方向：除了創作新的產品，何不將我們的經典商品做成純素版本呢？

我正在寫一本書，希望可以成為高級純素甜點的經典食譜。至少本書付梓之時，還沒有這類書籍呢。我和純素料理界的專業主廚琳妲・瑪格達拉（Linda Vongdara）一起製作這本書，她創辦豆渣甜點學校（École Okara）並在該處授課。我們會結合她的技術與我對風味的專業能力，為這項新領域打下基礎。

我相信這類書籍的需求一定會增加。我不會算命，而是深信純素甜點前途無量。雖然純素甜點在甜點地景中仍有些起伏，但這個狀態不會持續太久。純素甜點正在成為一種渴望，對某些人而言是需求，將會逐漸普及。這就是歷史的意義，而我現在正做出回應！

理性與檸檬

菲德利克・波在二〇一八年提議將我的其中一款甜點製作成「理性」版本時，我同樣有所回應，也就是減糖、減油，因此熱量較低，但是美味不減。

「我跟你說，我超愛你的無限香草塔……」某天我的朋友告訴我：「但我覺得真的太濃郁了。」他接著問我，是否能接受他重製這款甜點。

由於我總是想要跳脫框架與打破常規，以便帶來新的體驗，於是便同意了。

但也要遵守我永遠不變的條件：不對色香味方面有任何妥協。這表示「理性」版香草塔的風味與口感，一定要和傳統甜點同樣濃郁迷人。我並不是要推出減肥甜點，因為我是販售幸福美味的商人……也是老饕！

菲德利克接受了挑戰。有他在，我很有信心，因為他在這方面已經有十七年的經驗，還為此寫了一本非常出色的食譜書《理性的美味》（*Gourmandise Raisonnée*）[14]。他與營養師 Thierry Hahn 一起研究純素領域。與他共事讓我學到很多，而且連帶讓我在這個我將繼續挖掘的領域節省時間，因為他回應我們部分顧客對於身心健康不斷增加的顧慮。

理性甜點與純素甜點一樣，需要重新深刻思考。我不認為純素是困境，反而是重新徹底思考我的某些食譜，甚至是以從來沒用過的食材創作新事物的機會。

具體而言，我們盡可能減少白糖，以植物油取代動物性脂肪（例如在泡芙麵糊中以榛果油取代奶油）；設計新技法以創造輕盈如雲朵的「棉花糖」質地；以水、檸檬汁和吉利丁製作，也是我們為無限檸檬塔特別開發的。

我們經過諸多討論、試做、試吃，直到終於對成果滿意的，是 Fetish 系列的其中兩款（無限香草塔和無限檸檬塔）。而我們也另外創作兩個新口味，一個是「奧菲歐」（Orphéo，榛果巧克力泡芙），另一個是「星座」（Constellation，呼應草莓形狀的蛋糕，帶有柳橙和小荳蔻香氣）。

我們經過多次討論和品嚐，才終於在味道和口感上達標。於是菲德利克讓四百二十五人進行雙盲試吃；一半的人試吃正常版無限香草塔，另一半人則吃減糖減油版。結果，兩組人的滿意程度相同！

這個經驗非但沒有令我沮喪，反而讓我非常驚喜。

更棒的是，打造新口味與不同食譜的同時，這次經驗讓我們注意到很棒的東西；不僅可以與我的經典創作匹敵，有時甚至能取而代之呢。因此，我們以往使用的檸檬奶霜將會換成理性檸檬奶霜。酸度較高、糖減少二〇％、減油、香氣較明顯，理性檸檬奶霜就是比前者好。由於理性奶霜的蛋黃和奶油含量較低，檸檬風味自然更強烈鮮明，因此所有需要檸檬奶霜的半成品全都採用理性版，原版配方則收入資料庫。

至於奧菲歐泡芙，因為採用革新的攪打方式，我們連一滴鮮奶油都不需要，就能做出「香緹」鮮奶油，其中只有牛奶、吉利丁和巧克力，巧克力的味道因此顯得無比清澈純淨。接下來的事應該很明顯了……

14　La Martinière 出版，2020 年。

視野與新美食

在店裡推出純素或理性甜點時，我們發現還是有必要加以說明，但是這不會持續太久。雖然這類甜點在我這一代的人眼中還是需要特地標示，不過對數位原生世代已經沒這個必要了。他們生下來就吃純素、低醣、無乳糖、無麩質等飲食。如此說來，若我們在馬卡龍的展示櫃上放個「無麩質」牌子，人們是否會覺得很奇怪呢？照定義來說，馬卡龍不含小麥粉，原本就是無麩質，然而英語中的「glutten free」（即無麩質）仍是我的研究方向。此外，我們的伊斯法罕或理性無限香草塔等甜點本身就不含麩質，但我未必要特地把它圈成賣點。

我和部分同業一樣，都在摸索這些新方向，顯示出甜點的變革是與社會並進的。消費者的飲食偏好在其生活方式中的重要性逐漸增加，如今也成為身分認同的一部分。甜點師必須考慮到這一點，以不同方式思考，增加產品的選擇性。

當代甜點沒有揚棄過去的基礎，只是現在必須著眼未來。

在我的想像中，這個未來是多樣、有創造力的，而且更多元。除了純素、理性、無麩質甜點，有些我尚未想到的新方向將會浮現。一如今日的生活方式結合了美食、裝飾與旅行，所有糕點技術在不久的將來也必將會彼此融合。甜點店會更接近旅館的餐飲服務，純素主義會融入奢華甜點，而奢華甜點本身則不再固守原本的文化色彩。毫無疑問，我們正在邁向沒有邊界限制的甜點世界。這就是我心目中的天堂！

電視與傳承

「用完冰箱裡的食材不代表你很有創造力！」某天我對《最佳甜點師：職業賽》（*Le Meilleur Pâtissier, les Professionnels*）[15]的一名優秀參賽者如此說道，我在節目中擔任評審之一。

說出這句話的同時，我心想，這大概會在社群媒體上引起負面迴響吧，畢竟網友總是斷章取義地立刻作出判斷。然而出乎意料地，播出之後，我收到正面善意的意見回饋，這表示我對該名參賽者提出問題的方向是正確的：那就是味道與意義。那天，我覺得自己受到理解，也認為接受參與電視節目是正確的決定。

長久以來我拒絕上節目，因為那不是我的工作。不過除了我和希瑞爾・利亞尼克（Cyril Lignac）、菲利普・康帝辛尼、尚－馮索・皮耶、克莉絲黛・布魯亞（Christelle Brua）在拍攝時度過的美好時刻外，這個節目也很令我開心，因為能夠讓將近三百萬名電視觀眾認識我的職業，也能對照我與年輕一代甜點師的觀點。這四十六年來我所取得的成就，並不是用來自吹自擂的。

15 於M6播出。

這麼做主要是為了延續甜點師行業，將我習得與完成的事物交給下一代接班人。

傳承是我最在乎的事之一，也是我答應資助伽利略（Galileo）集團旗下的法國烹飪學院教育委員會的原因。

二〇〇五到二〇一〇年間，Maison Pierre Hermé Paris 在斐杭迪學院（Ecole Ferrandi）為專業人士開設高級甜點學程。可惜我們目前停止，因為必須在較困難的時期全心專注於品牌發展。

不過我始終將甜點教學一事放在心上。未來我希望以不同於目前的方式進行甜點教學。回顧我的甜點師生涯，我意識到甜點主廚的養成已經不單只是學習製作甜點了；想要進入我這一行的年輕人必須知道，最重要的是以更廣博的方式學習。不僅如此，我也想開一門整體學程，除了甜點課之外，還有電腦、採購、經營管理、傳統與數位傳播、藝術啟蒙等。

我想把在這些歲月中所學到的一切傳授給他們，使他們畢業後能成為出色的甜點師與創業家。這二十年來，甜點已不可同日而語，這門專業必須以高標準培養新血。我認為自己在這領域能夠發揮作用，目前我們正在思考成立內部學校。

同時，我也有話想給未來的甜點師。

我想告訴他們，盡可能多瞭解各種食材與味道。要保持心態開放、有好奇心、順從直覺，不要被時尚和潮流牽著走。絕對不要模仿這些流行。

我希望他們有分享和交流的素養，因為這在甜點行業中至關重要。我在雷諾特學院學到這一點，並和法國甜點協會中的所有同行與友人一起延續下去。把小訣竅分享出去，絕對比藏私更富有。

最後，我希望他們能知道這一行有多美好。長久以來，甜點只能任由料理擺布。很多時候，學徒是因為在料理方面不夠出色才來學甜點。如今甜點專業終於發光發熱，受到認可與重視，而且身價水漲船高。我很高興能讓甜點展現光芒。若說現在的年輕人是出於志向、選擇、熱愛而來學甜點，我想多少是因為我吧。這就是我最棒的回報。

這麼多年過去，我發現自己一點也不想停下來。對甜點的熱愛帶給我源源不絕的精力工作與創作。

我還有好多夢想和絕不放棄的遠大抱負：在未來十年內讓 Maison Pierre Hermé Paris 成為全球最大的高級甜點公司。每天我都在為這個目標努力奮鬥。

這並不妨礙我思考往後的事。我一定要為後繼者奠定基礎，讓今日擁有六百五十名員工的公司穩定經營下去，讓公司即使某天沒有我也不至於受到衝擊。我很常想到這一點，平靜地思考這個狀況。這也是傳承的一部分。

有時人們告訴我，若有一天我選擇退休（雖然不太可能發生），我應該永遠會是「聖殿的守護者」。我總是用作曲家馬勒（Mahler）的名言回答他們：「傳統不是崇拜灰燼，而是要延續薪火」！

成就與幸福

二〇一六年榮獲「全球最佳甜點師」的頭銜時，我將這份榮耀獻給加斯頓・雷諾特。原因不用我多說，因為這位偉大的先生為我指引了方向。

這份認可讓我很開心，不過我努力保持冷靜。頭銜不過是他人的目光，而且只是暫時的：今天你是全球最佳甜點師，但隔天你就不是了。許多才華洋溢的甜點師，如克莉絲黛・布魯亞、賽德列克・葛洛雷、法蘭索瓦・培雷（François Perret）都在我之後獲得這項殊榮，這不是很棒嗎！

頒發給我的榮譽勳章則不太一樣，有農業功勳（軍官，一九九六年）、榮譽軍團勳章（騎士，二〇〇六年）或藝術與文學勳章（指揮官，二〇一九年）。這些勳章很令我感動，因為側重我在甜點師職業中所扮演的角色。更讓我開心的是，我的工作夥伴柯蕾特・佩特蒙（藝術與文學騎士勳章）、米凱耶・馬索里耶（藝術與文學騎士勳章）或理查・勒杜（農業功勳騎士勳章）也受到肯定，因為是我們一起將 Maison Pierre Hermé Paris 打造成知名的法國奢華品牌。我們與眾多像是愛馬仕、香奈兒、迪奧、庫克香檳（Krug）、雅典娜廣場飯店（Plaza Athénée）、Christofle 或 Bernardaud 等族繁不及備載的知名法國品牌，同為法國奢侈品協會（Comité Colbert）的成員。

不過人生中最大的驚喜是格蘭萬蠟像館（Musée Grévin）突然致電我，問我是否同意他們製作我的蠟像。我當場大笑出聲，因為我從來沒想過竟會遇到這種事。我實在又榮幸又高興，立刻就答應了。

然而，我對名氣的感覺實在一言難盡。在路上被認出來時，會在尷尬和自豪之間游移，同時提醒自己盡量不要讓人留下印象。這種時候，我會不斷默想自己的警語：「名氣只是行事的結果，不是行事的原因。」比起知名度，我向來更在乎名譽。

如果有人問我是否能和他們自拍，我會欣然答應，而且悄悄在他們耳邊說：「你知道嗎？其實我只會做蛋糕，不是什麼大英雄！」

與亞蘭・杜卡斯、安－索菲・皮克的蠟像一起放在格雷萬蠟像館固然讓人開心到飄飄然，連希瑞爾・利亞尼克後來也加入我們的行列，二〇〇〇年時我曾聘用他擔任 Korova 的初階甜點師，不過還是要保持平常心。

我從未忽略對我而言真正重要的事，那就是和我喜愛與欣賞的人一起創作，一起前進，並帶領其他人前進。

我也很清楚有時候人們在背後稱我為「甜點教父」。

我不知道自己是否配得上「教父」的頭銜，而且我希望在這個情境下，「教父」的涵義比黑手黨的意思要正面！不過可以確定的是，在我的專業領域中，我始終致力於培養善意、透明、互助的精神。

我很樂意分享自己的食譜與祕訣。

我為很多人安排工作。在 Maison Pierre Hermé Paris 培訓的甜點師當中，有些人留在公司為品牌奠定基礎，有些人則離開了。如果後者開口，我會幫他們在別處找到工作，有時甚至幫他們安插職位。無論如何，我們都會保持聯絡。因為如果將知識技藝傳承給他們，他們也會給予我們回報。有時候，有些人在幾年後回到公司，擔任不同的職務，迎接新的挑戰。

甜點師離開品牌時，我不會有怨懟，畢竟需要成長與經歷不同的體驗本來就是很自然的事。此外，我總是第一個幫助同行找到初階甜點師或甜點主廚的人呢。話說回來，我很不喜歡別人不和我商量就到我們團隊挖角人才，太不光明磊落了。像我一樣忠誠的人不會苟同這種事，而用這種方式挖角的人則會被我牢牢記住。

米凱耶・馬索里耶是我忠實的同事與技術專員，也是我們品牌活生生的記憶，多虧有他，我們不時會與「前任」聚在一起。前任代表了一百多人。都是我非常開心能夠再次見到的人。我永遠與他們同在。

後記：蛋糕上的櫻桃

現在的我，是一個幸福的人。
是得以盡情發揮所長的甜點師。
是心靈平靜的創業家。

我的奢侈其實很單純：
好咖啡。
留給自己的時間。

我極度幸福：
我對甜點的熱情始終如一，因此我總是覺得在享受而不是在工作。

妻子給我的愛，讓我的生命彷彿施加魔法般美妙。我沒有任何遺憾，除了沒有早點遇見她。要是能和薇樂麗生個孩子該多好。即使阿德里安如今成為我的兒子，我很自豪，因為此前我就與他建立起深厚情誼。

充滿高低起伏的人生旅程仍在進行中。我永遠不會停止認識風味、探索國家、結識人們，也永遠不會停止學習、充實自我、自省、把自己推向極致。

這種對意義的永恆追求，在我心中正是充實圓滿人生的根本。

如今，我比以往更加忠於自己的哲學：我只對未來有興趣。因為就像戲謔的神燈精靈（Bunnicula）[16]說的：我決定在未來度過餘生。

16 譯注：出自動畫《兔古拉》。

各界美味追尋者，傾心力薦！

本書讓你一目了然一位全球所公認最棒的甜點大師，如何分享他人生中所追求甜點，值得與你共享。

——**Linda HSIEH** 一八七巷的法式甜點創辦人、甜點之路創作者

法國天才甜點大師 Pierre Hermé 一直都是法式甜點新浪潮的領航者，其創作廣受甜點迷的喜愛。本書帶領讀者去探索大師非凡的天份背後，在甜點創作過程中如何賦予糕點獨特的風味！

——**何文熹** 社團法人台灣蛋糕協會會長及哈肯舖手感烘焙西點行政主廚

法國甜點主廚 Pierre Hermé 曾經來過中華穀研所講習，並帶動台灣法式點心風潮，他的著作蘊藏很多創意及食材的應用，是有心精通法國甜點之人的寶典。

——**施坤河** 中華穀類食品工業技術研究所所長

Pierre Hermé對全世界的甜點師傅與甜點愛好者有著非常巨大的影響力，推廣了法式甜點文化到全世界。本書分享他甜點創作的過程與手稿，讓我們能從中看到、學習到大師的創作過程與故事，是喜愛甜點的大家千萬不能錯過的好書。

——**陳星緯** 全統西點主廚經營者、法國土爾巧克力大師賽冠軍

想要瞭解Pierre Hermé如何成為風味魔術師及何謂真正大師風範的必讀之作！

——**陳　穎** 飲食作家、「Ying C. 一匙甜點滔巴黎」主理人

一步一腳印、隨時隨地在尋找不同的創意，並放眼未來向前走，Pierre Hermé始終致力於培養善意、透明、分享的精神，慢慢累積到今日。這是值得細細品味的好書，推薦給大家。

——**陳謙璿 Willson** Deux Doux Crèmerie, Pâtisserie & Café 主廚、Studio Du Double V 創辦人

Pierre Hermé無疑地是當代最重要的糕點大師，無論是從美感設計、味道組合還是技術工法都無人能出其右。他的書也跟他的糕點作品一樣，是絕對的經典。

——**謝忠道** 旅法美食作家

（依姓名筆畫排序）

食之華 40

PIERRE HERMÉ 蛋糕上的櫻桃

當代甜點傳奇皮耶・艾曼的 12 堂人生風味課

原　書　名 —— Toutes les saveurs de la vie: L'odyssée d'un pâtissier de génie
作　　　者 —— 皮耶・艾曼 Pierre Hermé、卡特琳・洛伊格 Catherine Roig
譯　　　者 —— 韓書妍

總　編　輯 —— 王秀婷
責 任 編 輯 —— 郭羽漫

發　行　人 —— 凃玉雲
出　　　版 —— 積木文化
104 台北市民生東路二段 141 號 5 樓
電話：(02)2500-7696　傳真：(02)2500-1953
官方部落格：http://cubepress.com.tw
讀者服務信箱：service_cube@hmg.com.tw

發　　　行 —— 英屬蓋曼群島商家庭傳媒股份有限公司城邦分公司
台北市民生東路二段 141 號 2 樓
讀者服務專線：(02)25007718-9
24 小時傳真專線：(02)25001990-1
服務時間：週一至週五 09:30-12:00、13:30-17:00
郵撥：19863813　戶名：書虫股份有限公司
網站　城邦讀書花園｜網址：www.cite.com.tw

香港發行所 —— 城邦（香港）出版集團有限公司
香港灣仔駱克道 193 號東超商業中心 1 樓
電話：+852-25086231　傳真：+852-25789337
電子信箱：hkcite@biznetvigator.com

馬新發行所 —— 城邦（馬新）出版集團 Cite (M) Sdn Bhd
41, Jalan Radin Anum, Bandar Baru Sri Petaling, 57000 Kuala Lumpur, Malaysia.
電話：(603)90563833　傳真：(603) 90576622
電子信箱：service@cite.com.my

封 面 設 計 —— PURE
內 頁 排 版 —— 薛美惠
製 版 印 刷 —— 漾格科技股份有限公司

【印刷版】
2023 年 7 月 4 日 初版一刷
售　價／ 480 元
ISBN ／ 978-986-459-506-8

【電子版】
2023 年 7 月
ISBN ／ 978-986-459-508-2（EPUB）

【有聲版】
2023 年 7 月
ISBN ／ 978-986-459-507-5（MP3）

PIERRE HERMÉ 蛋糕上的櫻桃：當代甜點傳奇皮耶 . 艾曼的 12 堂人生風味課 / 皮耶 . 艾曼 (Pierre Hermé), 卡特琳 . 洛伊格 (Catherine Roig) 作；韓書妍譯 . -- 初版 . -- 臺北市：積木文化出版：英屬蓋曼群島商家庭傳媒股份有限公司城邦分公司發行 , 2023.07

面；　公分 . --（食之華 40）

譯自 : Toutes les saveurs de la vie : l'odyssée d'un pâtissier de génie

ISBN 978-986-459-506-8(（平裝）

1.CST: 艾曼 (Hermé, Pierre) 2.CST: 傳記 3.CST: 法國

784.28　　112008168

廣告回信
台灣北區郵政管理局登記證
台北廣字號 000791 號
免貼郵票

積木文化

104 台北市民生東路二段 141 號 5 樓

英屬蓋曼群島商家庭傳媒股份有限公司 城邦分公司

請沿虛線對摺裝訂，謝謝！

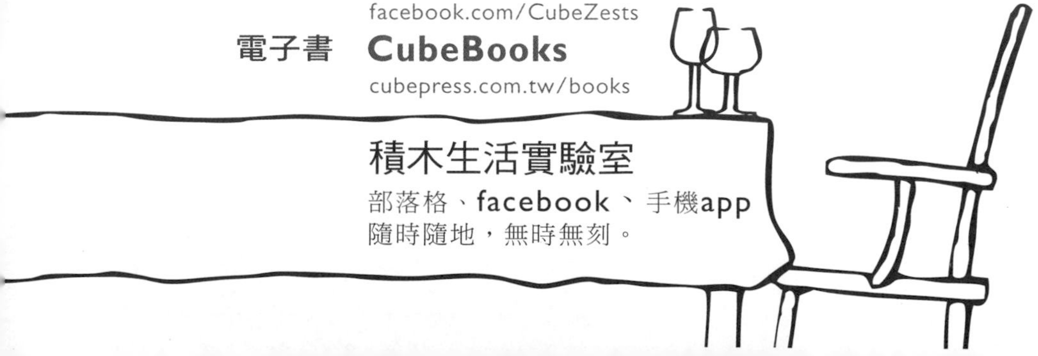

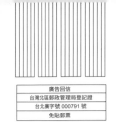

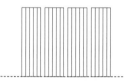

非常感謝您參加本書抽獎活動，誠摯邀請您填寫以下問卷，並寄回積木文化（免付郵資）抽好禮。積木文化謝謝您的鼓勵與支持。

1. 購買書名：________________
2. 購買地點：□書店，店名：________，地點：________縣市
□書展 □郵購 □網路書店，店名：________ □其他________
3. 您從何處得知本書出版？
□書店 □報紙雜誌 □ DM 書訊 □朋友 □網路書訊　部落客，名稱________
□廣播電視 □其他________
4. 您對本書的評價（請填代號 1 非常滿意　2 滿意　3 尚可　4 再改進）
書名____ 內容____ 封面設計____ 版面編排____ 實用性____
5. 您購書時的主要考量因素：（可複選）
□作者 □主題 □口碑 □出版社 □價格 □實用 其他________
6. 您習慣以何種方式購書？□書店 □書展 □網路書店 □量販店 □其他________
7-1. 您偏好的飲食書主題（可複選）：
□入門食譜 □主廚經典 □烘焙甜點 □健康養生 □品飲（酒茶咖啡）□特殊食材 □ 烹調技法
□特殊工具、鍋具，偏好 □不銹鋼 □琺瑯 □陶瓦器 □玻璃 □生鐵鑄鐵 □料理家電（可複選）
□異國／地方料理，偏好 □法 □義 □德 □北歐 □日 □韓 □東南亞 □印度 □美國（可複選）
□其他________
7.2. 您對食譜／飲食書的期待：（請填入代號 1 非常重要 2 重要 3 普通 4 不重要）
作者知名度____ 主題特殊／趣味性____ 知識＆技巧____ 價格____ 書封版面設計____
其他________
7-3. 您偏好參加哪種飲食新書活動：
□料理示範講座 □料理學習教室 □飲食專題講座 □品酒會 □試飲會 □其他________
7-4. 您是否願意參加付費活動：□是 □否；（是——請繼續回答以下問題）：
可接受活動價格：□ 300-500　□ 500-1000　□ 1000 以上　□視活動類型上　□無所謂
偏好參加活動時間：□平日晚上　□週五晚上　□周末下午　□周末晚上
7-5. 您偏好如何收到飲食新書活動訊息
□郵件文宣　□ EMAIL 文宣　□ FB 粉絲團發布消息　□其他________
★歡迎1.按讚追蹤FB+IG「積木生活實驗室」 2.加入FB社團「積木生活福利社」
8. 您每年購入食譜書的數量：□不一定會買 □ 1~3 本 □ 4~8 本 □ 9 本以上
9. 讀者資料・ 姓名：________
・ 性別：□男 □女　・ 電子信箱：________
・ 收件地址：________
（請務必詳細填寫以上資料，以確保您參與活動中獎權益！如因資料錯誤導致無法通知，視同放棄中獎權益。）
・ 居住地：□北部 □中部 □南部 □東部 □離島 □國外地區
・ 年齡：□ 15 歲以下 □ 15~20 歲 □ 20~30 歲 □ 30~40 歲 □ 40~50 歲 □ 50 歲以上
・ 教育程度：□碩士及以上　□大專　□高中　□國中及以下
・ 職業：□學生　□軍警　□公教　□資訊業　□金融業　□大眾傳播　□服務業　□自由業
□銷售業　□製造業　□家管　□其他________
・ 月收入：□ 20,000 以下 □ 20,000~40,000 □ 40,000~60,000 □ 60,000~80000 □ 80,000 以上
・ 是否願意持續收到積木的新書與活動訊息：□是　□否

非常感謝您提供基本資料，基於行銷及客戶管理或其他合於營業登記項目或章程所定業務需要之目的，家庭傳媒集團（即英屬蓋曼群商家庭傳媒股份有限公司城邦分公司、城邦文化事業股份有限公司、書虫股份有限公司、墨刻出版股份有限公司、城邦原創股份有限公司）於本集團之營運期間及地區內，將不定期以 MAIL 訊息發送方式，利用您的個人資料（資料類別 :C001、C002 等）於提供讀者產品相關之消費訊息，如您有依照個資法第三條或其他需服務之處，得致電本公司客服。我已經完全瞭解上述內容，並同意本人資料依上述範圍內使用。

________（簽名）

framboises entières
macaron
Pétale de Rose rouge
compote de framboise
compote de litchis
Biscuit macaron jaune
cubes de confit
Biscuit "paille"
noisettes effilées grillées
crème praliné
Biscuit macaron noisette
CRÈME PRALINÉ
d'immortelle
#6
HAUTEUR 180 m/m
= 6 parts de 30 m/m
#6
HAUTEUR 180 m/m
= 6 parts de 30 m/m
étoiles en chocolat de tailles différentes
Biscuit moelleux au
Sablé à la farine de châtaigne
400 g beurre demi-sel
150 g sucre glace

#6
HAUTEUR 180 m/m.
= 6 parts de 30 m/m